ENCAIXOTANDO MINHA BIBLIOTECA

ALBERTO MANGUEL

Encaixotando minha biblioteca

Uma elegia e dez digressões

Tradução
Jorio Dauster

4ª reimpressão

COMPANHIA DAS LETRAS

Copyright © 2018 by Alberto Manguel
Publicado mediante acordo com Schavelzon Graham Agencia Literaria, S.L.
www.schavelzongraham.com

*Grafia atualizada segundo o Acordo Ortográfico da Língua
Portuguesa de 1990, que entrou em vigor no Brasil em 2009.*

Título original
Packing My Library: An Elegy and Ten Digressions

Capa
Ale Kalko

Imagem de capa
Iricat/ Shutterstock

Preparação
Cristina Yamazaki

Revisão
Huendel Viana
Tatiana Custódio

Dados Internacionais de Catalogação na Publicação (CIP)
(Câmara Brasileira do Livro, SP, Brasil)

Manguel, Alberto
    Encaixotando minha biblioteca : Uma elegia e dez digressões /
Alberto Manguel ; tradução Jorio Dauster. — 1ª ed. — São Paulo :
Companhia das Letras, 2021.

    Título original: Packing My Library : An Elegy and Ten
Digressions.
    ISBN 978-65-5921-088-6

    1. Bibliotecas 2. Bibliotecas particulares 3. Bibliotecas públi-
cas 4. Ficção canadense 5. Livros e leitura 6. Manguel, Alberto —
Livros e leitura I. Título.

21-63345   CDD813

Índice para catálogo sistemático:
1. Ficção : Literatura canadense em inglês 813

Cibele Maria Dias – Bibliotecária – CRB-8/9427

Todos os direitos desta edição reservados à
EDITORA SCHWARCZ S.A.
Rua Bandeira Paulista, 702, cj. 32
04532-002 — São Paulo — SP
Telefone (11) 3707-3500
www.companhiadasletras.com.br
www.blogdacompanhia.com.br
facebook.com/companhiadasletras
instagram.com/companhiadasletras
twitter.com/cialetras

Para Craig

*Um homem não teria o menor prazer
em descobrir todas as belezas do universo,
mesmo no céu, a menos que tivesse
um parceiro com quem pudesse
compartilhar suas alegrias.*

Cícero, *De amicitia*, 88

ENCAIXOTANDO MINHA BIBLIOTECA

Minha última biblioteca foi na França, instalada em um antigo presbitério de pedra no sul do vale do Loire, num povoado tranquilo com menos de dez casas. Meu parceiro e eu escolhemos o lugar porque, junto à própria casa, havia um celeiro, parcialmente demolido séculos antes e grande o suficiente para acomodar minha biblioteca, que à época já contava com 35 mil livros. Pensei que, com os livros tendo encontrado seu lugar, eu encontraria o meu. Como depois verifiquei, estava errado.

Na primeira vez em que abri os pesados portões de carvalho que davam acesso ao jardim, soube que queria viver naquela casa. A visão, emoldurada pelo pórtico de pedra arredondado na parte de cima, era de duas velhas sóforas cujas sombras se projetavam sobre um gramado macio que se estendia até o distante muro cinza; disseram-nos que, durante as guerras camponesas, haviam sido cavados sob o terreno corredores abobadados que ligavam a casa a uma longínqua torre, agora em ruínas.

Ao longo dos anos, meu parceiro cuidou do jardim, plantou roseiras e uma horta, além de cuidar das árvores cruelmente maltratadas pelos antigos proprietários, que tinham enchido um dos troncos ocos com lixo e permitido que os galhos superiores ficassem perigosamente frágeis. Toda vez que atravessávamos o jardim, dizíamos a nós mesmos que éramos seus guardiões, nunca seus donos, porque (como ocorre com todos os jardins) o lugar dava a impressão de ser possuído por um espírito independente que os antigos chamavam de numinoso. Plínio explica que esse caráter dos jardins se deve ao fato de que, em tempos remotos, as árvores eram os templos dos deuses, e os deuses não se esqueceram disso. As árvores frutíferas nos fundos do jardim haviam sido plantadas numa área correspondente a um cemitério abandonado do século ix: talvez ali os antigos deuses também se sentissem em casa.

O jardim murado era um local extraordinariamente tranquilo. Todas as manhãs, por volta das seis, eu descia, ainda semiadormecido, preparava um bule de chá na escura cozinha com vigas aparentes e me sentava com nossa cadela no banco de pedra do lado de fora para ver a luz matinal avançar lentamente no muro dos fundos. Depois, ia com ela até minha torre, anexa ao celeiro, onde ficava lendo. O silêncio só era quebrado pelo canto dos pássaros (e, no verão, pelo zumbido das abelhas). Na penumbra do anoitecer, pequenos morcegos voavam em círculos e, de madrugada, as corujas no campanário da igreja (nunca entendemos por que elas preferiram construir seus ninhos sob os sinos que dobravam) mergulhavam para pegar sua refeição. Eram corujas-de-igreja, mas, na véspera do Ano-Novo, uma grande coruja branca, como um anjo que Dante descreve pilotando a nave das almas rumo às praias do Purgatório, planava silenciosamente em meio à escuridão.

O antigo celeiro, em cujas pedras estavam gravadas as assinaturas de quem trabalhara nelas no século XV, guardou meus livros por quase quinze anos. Sob um teto de vigas desgastadas pelo tempo, juntei os sobreviventes de muitas bibliotecas que datavam de minha infância. Tinha uns poucos livros que um bibliófilo sério julgaria dignos: uma Bíblia ilustrada de um *scriptorium* alemão do século XIII (presente do romancista Yehuda Elberg), um manual de inquisidores do século XVI, diversos livros de artistas contemporâneos, um bom número de primeiras edições raras e muitos exemplares assinados pelos autores. Mas me faltavam (e ainda faltam hoje) os recursos financeiros ou o conhecimento para me tornar colecionador profissional. Em minha biblioteca, jovens e lustrosos Penguins se sentavam felizes ao lado de patriarcas encadernados de aparência severa. Os mais valiosos para mim eram exemplares com conotações pessoais, tal como um dos primeiros livros que eu li, uma edição da década de 1930 dos contos de fadas dos irmãos Grimm, impresso em lúgubres caracteres góticos. Muitos anos depois, recordações de minha infância escorregavam até mim sempre que eu folheava aquelas páginas amareladas.

Organizei a biblioteca de acordo com minhas exigências e meus preconceitos. Ao contrário de uma biblioteca pública, a minha não precisava de códigos comuns que outros leitores entendessem e compartilhassem. Sua geografia era ditada por certa lógica meio louca. As principais seções eram determinadas pela língua em que os livros haviam sido escritos: isto é, sem distinção de gênero, aparecendo juntos numa estante todos os livros escritos originalmente em espanhol, francês, inglês ou árabe (sendo este último um idioma que não falo nem leio). No entanto, me permiti muitas exceções. Alguns assuntos — a história dos livros, comentários bíblicos, a lenda de Fausto, a literatura e a filosofia renascentista, estudos sobre a homossexualidade, bestiários medievais — tinham seções separadas. Certos autores e gêneros eram privilegiados: colecionei milhares de histórias de detetives mas poucas de espionagem, mais Platão que Aristóteles, as obras completas de Zola e quase nada de Maupassant, tudo de John Hawkes e Cynthia Ozick, praticamente-nenhum dos autores da lista dos mais vendidos do *New York Times*. Tinha nas estantes dezenas de livros muito ruins que eu não jogava fora, caso algum dia precisasse de um exemplo de livro que considerasse de má qualidade. Balzac, em *Le Cousin Pons*, oferecia uma justificativa para tal comportamento obsessivo: "Uma obsessão é um prazer que atingiu a condição de ideia".

Embora soubesse que éramos apenas os guardiões do jardim e da casa, eu sentia que os livros propriamente ditos pertenciam a mim, eram parte de quem eu era. Falamos de certas pessoas que relutam em nos emprestar sua atenção ou nos dar a mão: eu raramente emprestava um livro. Se desejava que alguém lesse determinado volume, comprava um exemplar e o oferecia como presente. Creio que emprestar um livro significa incitar o roubo. A biblioteca pública de uma das minhas escolas exibia um aviso ao mesmo tempo excludente e generoso: ESSES LIVROS NÃO SÃO SEUS: PERTENCEM A TODOS. Nenhum anúncio desse tipo poderia ser posto em minha biblioteca. Para mim, minha biblioteca era um espaço profundamente privado, que me envolvia e me espelhava.

Em Israel, onde meu pai servia como embaixador da Argentina, quando criança muitas vezes me levavam para brincar num parque que começava como um jardim bem cuidado e ia se transformando em dunas de areia. Grandes tartarugas cruzavam o parque pesadamente, deixando delicados rastros na areia. Certa vez encontrei uma tartaruga cuja casca fora parcialmente retirada. Ela me olhou fixamente com seus olhos antigos ao se arrastar pelas dunas em direção ao mar, privada de algo que a protegera e definira.

Muitas vezes senti que minha biblioteca explicava quem eu era, me dava uma personalidade mutante, que se transformava constantemente ao longo dos anos. Todavia, apesar disso, meu relacionamento com as bibliotecas sempre foi estranho. Adoro o espaço de uma biblioteca. Adoro os prédios públicos que se erguem como emblemas da identidade que uma sociedade escolhe para si, imponente ou discreto, intimidador ou aconchegante. Adoro as fileiras intermináveis de livros cujos títulos tento identificar na lombada, lendo (nunca descobri por quê) de cima para baixo em inglês e italiano, e de baixo para cima em alemão e espanhol. Adoro os sons abafados, o silêncio meditativo, o brilho atenuado das lâmpadas (especialmente dos abajures verdes), as mesas polidas pelos cotovelos de gerações de leitores, o cheiro de pó, papel e couro, ou os odores mais novos de mesas com tampos plastificados e produtos de limpeza com aroma de caramelo. Adoro o olhar atento do balcão de informações e a solicitude sibilina dos bibliotecários. Adoro os catálogos, em particular as velhas gavetas de cartões (onde quer que sobrevivam) com suas oferendas datilografadas ou manuscritas. Quando estou numa biblioteca, qualquer uma, tenho a sensação de ter sido transportado a uma dimensão puramente verbal graças a um passe de mágica que nunca compreendi de todo. Sei que minha história completa e verdadeira está lá, em alguma parte das estantes, e só preciso mesmo de tempo e sorte para encontrá-la. Nunca consigo. Minha história permanece elusiva porque nunca é a definitiva.

Isso acontece em parte porque não consigo pensar seguindo uma linha reta. Eu divago. Acho impossível começar com pontos de partida factuais e subir uma escadaria bem iluminada, pisando em degraus lógicos, para chegar a uma conclusão satisfatória. Por mais forte que seja minha intenção inicial, eu me perco no caminho. Paro para admirar uma citação ou ouvir uma historinha; distraio-me com questões que não têm nada a ver com meu propósito, sou carregado por um fluxo de associação de ideias. Começo falando de uma coisa e termino falando de outra. Digo a mim mesmo, por exemplo, que vou considerar o tema das bibliotecas, e a imagem de uma biblioteca organizada gera em minha mente desordenada desvios inesperados e aleatórios. Penso "biblioteca", e sou imediatamente confrontado com o paradoxo de que uma biblioteca solapa qualquer ordem que possa ter, por conta dos emparelhamentos feitos ao acaso e das fraternidades ocasionais; e que, se eu me deixar levar por tentações de afinidades não eletivas em vez de trilhar o caminho convencional de cunho alfabético, numérico ou temático que ela me oferece, meu assunto não seria mais a biblioteca, e sim o alegre caos do mundo que a biblioteca pretende pôr em ordem. Ariadne transformou para Teseu o labirinto numa trilha simples e bem marcada; minha mente transforma a simples trilha num labirinto.

Num de seus primeiros ensaios, Borges observou que a tradução pode ser entendida como equivalente a um rascunho, e que a única diferença entre uma tradução e a versão preliminar de um texto é meramente cronológica, e não hierárquica: o rascunho antecede o original, a tradução se segue a ele. "Supor que qualquer recombinação desses elementos é necessariamente inferior ao original", escreveu Borges, "é supor que o rascunho 9 é necessariamente inferior ao rascunho H, uma vez que só existem rascunhos. O conceito de *texto definitivo* pertence apenas à religião ou ao cansaço." Como o texto de Borges, eu não tenho nenhuma biografia definitiva. Minha história muda de uma biblioteca para outra, ou do rascunho de uma biblioteca para o seguinte, nunca exatamente o único, nunca o último.

Uma de minhas recordações mais antigas (devia ter dois ou três anos na ocasião) é de uma estante cheia de livros na parede acima de minha caminha, na qual a babá escolhia uma história para me fazer dormir. Essa foi minha primeira biblioteca particular; quando aprendi a ler sozinho, um ou dois anos depois, a estante, agora transferida para o nível mais seguro do chão, tornou-se meu território privado. Lembro-me de arrumar e rearrumar os livros segundo regras secretas que inventei: toda a série dos Golden Books tinha de estar reunida, as volumosas antologias de contos de fadas não tinham permissão de tocar nos minúsculos volumes de Beatrix Potter, animais de pelúcia não podiam dividir a mesma estante com os livros. Eu dizia a mim mesmo que, caso tais regras fossem violadas, aconteceriam coisas terríveis. A superstição e a arte das bibliotecas estão fortemente interligadas.

Uma casa de Tel Aviv abrigava aquela primeira biblioteca; a próxima cresceu em Buenos Aires, durante a década de minha adolescência. Antes de voltar à Argentina, meu pai pedira à sua secretária que comprasse um número suficiente de livros para encher as estantes da biblioteca de nossa nova casa; prestativamente, ela encomendou carradas de volumes de um sebo de Buenos Aires, mas descobriu, ao tentar pôr na estante, que muitos não cabiam. Impávida, mandou que fossem reduzidos na altura e depois reencadernados em couro verde-escuro, cor que, combinada com o carvalho negro, deu ao cômodo a atmosfera de uma clareira na floresta. Furtei livros daquela biblioteca para alimentar a minha, que cobria três paredes do quarto de dormir. Ler aqueles livros circuncidados exigia o esforço extra de preencher os pedaços que faltavam em cada página, exercício que sem dúvida serviu como treino para que mais tarde eu lesse aos romances "recortados" de William Burroughs.

Depois disso veio a biblioteca de minha adolescência, que, criada ao longo de meus anos no ensino médio, continha quase todos os livros que ainda são relevantes para mim nos dias de hoje. Professores generosos, livreiros entusiasmados, amigos para quem dar um livro era um ato supremo de intimidade e confiança, foram eles que me ajudaram a criá-la. Seus fantasmas bondosamente habitavam minhas estantes, e os livros que me deram ainda carregam suas vozes, de tal modo que agora, quando abro o *Sete narrativas góticas*, de Isak Dinesen [Karen Blixen], ou os primeiros poemas de Blas de Otero, não tenho a impressão de estar lendo o livro, mas de ouvi-lo sendo lido em voz alta por alguém. Essa é uma das razões de nunca ter me sentido sozinho na minha biblioteca.

Deixei a maior parte desses primeiros livros para trás ao partir rumo à Europa em 1969, pouco antes da ditadura militar na Argentina. Suponho que, se tivesse ficado, seria obrigado, como muitos de meus amigos, a destruir minha biblioteca com medo da polícia, pois naqueles tempos terríveis a pessoa podia ser acusada de subversão meramente por ser vista com um livro que parecesse suspeito (conheci alguém que foi preso como comunista por carregar o romance *O vermelho e o negro*, de Stendhal). Os encanadores argentinos descobriram então uma inesperada demanda por seus serviços, uma vez que muitos leitores tentaram queimar os livros nos vasos sanitários, fazendo a porcelana rachar.

Em todos os lugares em que me instalei, uma biblioteca começou a crescer como que por geração espontânea. Em Paris, em Londres, em Milão, no calor úmido de Taiti, onde trabalhei como editor por cinco longos anos (meus romances de Melville ainda têm marcas do mofo polinésio), em Toronto e em Calgary colecionei livros; e, quando chegava a hora de partir, eles eram empacotados em caixas e eu os obrigava a esperar tão pacientemente quanto possível em locais de armazenamento similares a túmulos, na esperança incerta de uma ressurreição. A cada vez me perguntava como isso acontecera: como aquela exuberante floresta de papel e tinta entrara em mais outro período de hibernação e se, de novo, ela cobriria minhas paredes como heras trepadeiras.

Minha biblioteca, acomodada em estantes ou empacotada em caixas, nunca foi um animal único, e sim uma composição de vários deles, uma criatura fantástica formada a partir de várias bibliotecas criadas e depois abandonadas, repetidas vezes, ao longo da vida. Não consigo lembrar de um tempo em que não tive alguma biblioteca. Minhas bibliotecas formam uma espécie de autobiografia em múltiplas camadas, todos os livros sustentando o momento em que os li pela primeira vez. As anotações nas margens, a data ocasional na folha de guarda, a desbotada passagem de ônibus marcando uma página por razões hoje misteriosas — todas essas coisas tentam me lembrar do que eu era então. Em geral, fracassam. Minha memória está menos interessada em mim do que em meus livros, e descubro que é mais fácil recordar-me de uma história lida uma só vez, faz muito tempo, do que do jovem que a lia.

Minha primeira biblioteca pública foi a da St. Andrew's Scots School, uma das diversas escolas primárias que frequentei em Buenos Aires antes de fazer doze anos. Ela tinha sido fundada como um educandário bilíngue em 1838, sendo a mais antiga escola de origem britânica na América do Sul. A biblioteca, embora pequena, era para mim um lugar atraente, de aventuras. Sentia-me como um explorador saído das páginas de Rider Haggard na escura floresta de estantes, que exalava um odor de terra no verão e cheirava a madeira úmida no inverno. Eu ia à biblioteca principalmente para pôr meu nome na lista dos que receberiam um novo fascículo dos Hardy Boys ou uma coletânea das histórias de Sherlock Holmes. A biblioteca daquela escola, tanto quanto consegui entender, não obedecia a uma organização rigorosa: eu encontrava livros sobre dinossauros junto a vários exemplares de *Beleza negra*, aventuras de guerra ao lado de biografias de poetas ingleses. Esse bando de livros, aparentemente reunidos sem nenhum outro objetivo senão oferecer aos alunos uma generosa variedade, era adequado ao meu temperamento: eu não queria uma visita guiada, e sim a liberdade da cidade, que (aprendemos na aula de história) era concedida pelos prefeitos na Idade Média aos visitantes estrangeiros.

Sempre me encantei com as bibliotecas públicas, porém devo confessar um paradoxo: não me sinto à vontade trabalhando nelas. Sou impaciente demais, não gosto de esperar pelos livros que quero, o que às vezes é inevitável a menos que a biblioteca seja abençoada com a generosidade das estantes abertas. Não gosto de ser proibido de escrever nas margens dos livros que pego emprestado. Não gosto de devolver os livros se neles descubro alguma coisa surpreendente ou preciosa. Como um ávido saqueador, quero que os livros que leio sejam meus.

Talvez por isso não me sinta confortável numa biblioteca virtual: você não pode verdadeiramente possuir um fantasma (embora o fantasma possa possuí-lo). Desejo a materialidade das coisas verbais, a sólida presença do livro, seu formato, tamanho e textura. Compreendo a conveniência dos livros imateriais e a importância deles na sociedade do século XXI, mas para mim eles equivalem a relações platônicas. Talvez isso explique por que sinto tão profundamente a perda dos livros que minhas mãos conheciam tão bem. Sou como são Tomé, quero tocar para crer.

Primeira digressão

Todos os nossos plurais são, em última análise, um singular. O que é, então, que nos impele para fora da fortaleza de nosso eu a fim de buscarmos a companhia e a conversa de outros seres que nos espelham eternamente no estranho mundo em que vivemos? O mito platônico de que os humanos originais têm uma natureza dividida em duas pelos deuses explica até certo ponto nossa busca: procuramos melancolicamente nossa metade perdida. E, no entanto, apertos de mão e abraços, debates acadêmicos e esportes de contato nunca são suficientes para romper nossa convicção de individualidade. Nosso corpo é uma burca que nos protege do resto da humanidade, e não há necessidade alguma de que Simeão Estilita suba ao topo de uma coluna no deserto para sentir-se isolado de seus semelhantes. Estamos condenados à singularidade.

Todavia, cada nova tecnologia oferece outra esperança de reunião. As pinturas murais nas cavernas faziam com que nossos antepassados se juntassem diante delas para repassar lembranças coletivas das caçadas de mamutes; as tábuas de argila e os rolos de papiro permitiram que se conversasse com seres distantes e com os mortos. Johannes Gutenberg criou a ilusão de que não somos únicos e de que cada exemplar de *Dom Quixote* é igual a qualquer outro (truque que nunca convenceu plenamente a maioria de seus leitores). Amontoados em volta de nossos aparelhos de televisão, testemunhamos o primeiro passo de Neil Armstrong na Lua e, não contentes em sermos parte dessa incontável multidão contemplativa, concebemos novos artifícios que coletam amigos imaginários aos quais confidenciamos nossos mais perigosos segredos e a quem enviamos nossos retratos mais íntimos. Em nenhum momento do dia ou da noite ficamos inacessíveis. Estamos disponíveis aos outros ao dormir, ao comer, viajando, no banheiro, enquanto fazemos amor. Reinventamos o olho de Deus que tudo via. A amizade silente da lua já não nos pertence, como pertencia a Virgílio, e abandonamos as sessões de doce reflexão silenciosa que Shakespeare apreciava. Só com o aparecimento surpreendente de velhos conhecidos no Facebook recobramos as reminiscências do passado. Os amantes não podem mais se ausentar, nem os conhecidos se afastar por muito tempo: num toque do dedo podemos alcançá-los, e eles a nós. Sofremos do oposto da agorafobia: passamos a ser perseguidos pela presença constante. Todo mundo está sempre aqui.

Essa ansiedade de estar cercado pelas palavras e pelo rosto dos outros faz parte de todas as nossas histórias. Na Roma de Petrônio, Encólpio vaga por um museu contemplando as imagens dos deuses em seus entrelaçamentos amorosos e se dá conta de que não é o único a sentir as pontadas da paixão. Na China, no século VIII, Du Fu escreveu que um velho intelectual vê em seus livros o universo populoso que gira a seu redor como um vento de outono. Al-Mutanabbi, no século X, comparou seu papel e pena ao mundo inteiro: ao deserto e suas armadilhas, à guerra e seus duros golpes. Petrarca não possui sua biblioteca tanto quanto é possuído por ela. "Sou perseguido por uma paixão inesgotável que até o momento não consegui ou não quis saciar. Sinto que nunca tenho um número suficiente de livros", ele diz. "Os livros nos deliciam profundamente, correm por nossas veias, aconselham-nos e se conjugam a nós numa espécie de familiaridade ativa e aguda; e determinado livro não se insinua por si só em nosso espírito, mas abre caminho para muitos mais, provocando assim o desejo de ter outros." Pelo contrário, o Werther de Goethe quer apenas um livro: seu Homero, que, segundo diz, é uma *Wiegengesang*, uma canção de ninar para acalmá-lo. Para a Tatiana de Púchkin, a fim de ver espelhada sua paixão erótica, o que ela precisa é dos livros de Eugênio Onêguin. Para o capitão Nemo, de Júlio Verne, sua biblioteca guarda as únicas vozes humanas que merecem ser poupadas da destruição. Em todos esses casos, o indivíduo, homem ou mulher, está obcecado pela ideia de encontrar outros que lhe dirão quem são. Como se fôssemos os elétrons de Heisenberg, sentimos que não existimos o tempo todo: existimos apenas quando interagimos com alguém, quando outra pessoa se digna nos ver. Talvez, como a física quântica nos ensina, o que chamamos de realidade — o que achamos que somos e o que achamos que o mundo é — não passa de uma interação.

Mas até mesmo a interação tem seus limites. A quinta edição do *Diagnostic and Statistical Manual of Mental Disorders (DSM)*, publicada em 2013 pela Associação Psiquiátrica dos Estados Unidos, relaciona o "transtorno de jogo pela internet" como uma patologia que conduz a "significativo dano clínico ou sofrimento". O que, na granja solitária, Mariana [de Shakespeare] poderia ter chamado de melancolia, e o que o dr. Fausto chama de "coração em chamas", o DSM classifica como "depressão associada à abstinência" (quando a tecnologia deixa de funcionar) e "sensação de incompletude" (quando ela deixa de garantir o resultado esperado). O resultado final é idêntico.

A busca pelos outros — enviando mensagens, falando pelo Skype ou procurando parceiros para jogar — estabelece nossa própria identidade. Somos, ou nos tornamos, porque alguém reconhece nossa presença. O lema da era eletrônica é dado pelo bispo Berkeley: *"esse est percipi"* (ser é ser percebido). No entanto, todas as multidões de amigos prometidos pelo Facebook, todas as hordas de correspondentes desejosos de unir-se através do ciberespaço, todos os mercadores de promessas que oferecem fortunas em terras estrangeiras, parceiros em bacanais virtuais, aumento de seios e pênis, sonhos mais doces e vidas melhores não são capazes de remediar a melancolia essencial que levou Platão a imaginar sua história.

"Após o coito, todos os animais ficam tristes", supõe-se que Aristóteles (ou talvez Galeno) tenha dito, acrescentando: "exceto o galo, que então canta". Aristóteles referia-se à relação sexual. Quem sabe todas as relações — com imagens, com livros, com pessoas, com os habitantes virtuais do ciberespaço — gerem tristeza porque nos fazem lembrar, no fim das contas, de que estamos sós.

Sustento que as bibliotecas públicas, contendo textos tanto virtuais como materiais, são um instrumento essencial para lutar contra a solidão. Sustento o lugar delas como memória e experiência de uma sociedade. Digo que, sem as bibliotecas públicas e sem conscientização do papel que desempenham, a sociedade baseada na palavra escrita está fadada ao desaparecimento. Dou-me conta de quão mesquinho e egoísta pode parecer o desejo de ter os livros que pego emprestado. Considero o furto repreensível e, não obstante, inúmeras vezes fui obrigado a reunir toda a força moral de que dispunha para não embolsar um exemplar cobiçado. Polônio ecoou meus pensamentos quando disse ao filho: "Não pegue emprestado nem empreste". Minha própria biblioteca era uma prova viva dessa advertência.

Adoro as bibliotecas públicas, que são o primeiro lugar que visito quando chego a uma cidade onde nunca estive. Mas só consigo trabalhar com felicidade em minha biblioteca, com meus próprios livros — ou, melhor dizendo, com os livros que sei serem meus. Talvez haja certa fidelidade nisso, uma domesticidade rabugenta, um traço mais conservador em minha natureza do que eu teria sido capaz de admitir numa juventude anárquica. Minha biblioteca era minha carapaça de tartaruga.

Por volta de 1931, Walter Benjamin escreveu um ensaio curto e hoje famoso sobre o relacionamento dos leitores com seus livros. Intitulou-o "Desencaixotando minha biblioteca: Um discurso sobre o ato de colecionar", e usou a ocasião de tirar das caixas seus quase 2 mil livros a fim de refletir sobre os privilégios e as responsabilidades de um leitor. Benjamin estava saindo da casa, que dividia com a esposa até o amargo divórcio no ano anterior, para ocupar um pequeno apartamento mobiliado no qual viveria sozinho, disse ele, pela primeira vez na vida, "como um adulto". Benjamin à época "beirava os quarenta anos e não tinha propriedades, emprego, lar ou bens". Não seria de todo errôneo entender sua meditação acerca dos livros como um contrapeso ao fracasso do casamento.

Empacotar e desempacotar são duas facetas do mesmo impulso, e ambas dão significado a momentos de caos. "Assim é a existência do colecionador", escreveu Benjamin, "dialeticamente dividido entre os polos da desordem e da ordem." Poderia ter acrescentado: do empacotar e do desempacotar.

Desempacotar, como Benjamin compreendeu, é em essência uma atividade custosa e desordenada. Liberados de seus grilhões, os livros se espalham pelo chão ou se amontoam em pilhas instáveis, aguardando os lugares que lhes serão mais tarde atribuídos. Durante a espera, antes que seja estabelecida a nova ordem, eles existem num emaranhado de sincronicidades e recordações, formando alianças repentinas e inesperadas, ou distanciando-se por questões de incompatibilidade. Por exemplo, Gabriel García Márquez e Mario Vargas Llosa, inimigos de toda vida, se sentarão amigavelmente na mesma estante, igualmente ansiosos, enquanto muitos membros do grupo de Bloomsbury se verão exilados para uma diferente "região de carga negativa" (como os físicos as denominam), ansiando pela reunião de suas partículas.

O desencaixotamento de livros, talvez por ser eminentemente caótico, constitui um ato criativo e, como em todo ato desse gênero, os materiais empregados perdem no processo sua natureza individual: tornam-se parte de algo diferente, que os abarca e ao mesmo tempo os transforma. No ato de montar uma biblioteca, os livros retirados das caixas e prestes a serem colocados na estante perdem sua identidade original e adquirem uma nova mediante associações aleatórias, arrumações preconcebidas ou rótulos autoritários. Muitas vezes descobri que um livro em minhas mãos se torna outro quando lhe é atribuído um lugar na minha biblioteca. Isso é anarquia com a aparência de ordem. Meu exemplar de *Viagem ao centro da Terra*, lido pela primeira vez muitas décadas atrás, se transformou, na seção ordenada alfabeticamente, em companheiro sisudo de Vercors e Verlaine, acima de Marguerite Yourcenar e Zola, mas abaixo de Stendhal e Nathalie Sarraute, todos membros da fraternidade convencional da literatura francesa. Sem dúvida, o romance de aventuras de Verne guardava em suas páginas marcas de minha adolescência impregnada de ansiedade e de um remoto verão em que me prometi uma visita ao vulcão Sneffels, porém, uma vez posto na estante, essas coisas se tornaram secundárias ao serem subjugadas pela categoria a que pertenciam a linguagem do autor e a inicial de seu sobrenome. Minha memória retém a ordem e a classificação da biblioteca relembrada, e executa os rituais como se o local físico ainda existisse. Guardo ainda a chave para uma porta que nunca voltarei a abrir.

Lugares que nos parecem essenciais resistem até mesmo à destruição material. Quando, em 587 a.C.,

Nabucodonosor incendiou o Primeiro Templo de Jerusalém, os sacerdotes se reuniram com as chaves do santuário, subiram no teto em chamas e gritaram: "Mestre do Mundo, como não merecemos ser guardiões fiéis, que as chaves lhe sejam devolvidas!". Atiraram então as chaves em direção ao céu. Diz-se que surgiu certa mão que as apanhou, após o que os sacerdotes se jogaram no fogo. Depois da destruição do Segundo Templo por Tito, em 70 d.C., os judeus continuaram a cumprir os rituais sagrados como se os antigos muros ainda os cercassem, recitando as preces ordenadas nas horas em que as oferendas correspondentes eram feitas no santuário desaparecido. E, desde a destruição, uma prece em favor da construção do Terceiro Templo tem sido parte formal dos serviços judaicos realizados três vezes ao dia. A perda gera esperança, bem como recordação.

Por ser toda biblioteca um local de recordação, como observou Benjamin, o desencaixotamento dos livros rapidamente se transforma em ritual mnemônico. "Não pensamentos", escreve Benjamin, "e sim imagens, lembranças" são invocadas no processo. Recordações das cidades em que os tesouros foram achados, memórias das salas de leilão em que diversos deles foram comprados, relembranças dos cômodos em que no passado foram mantidos. O livro que retiro da caixa à qual tinha sido consignado subitamente se transforma, no breve instante antes de ir para o lugar correto, em símbolo, em suvenir, em relíquia, no segmento de DNA que podemos usar para reconstruir um corpo inteiro.

Segunda digressão

Certa noite, uma das muitas em que ficou na cama, febril, ofegante e tossindo sangue, Robert Louis Stevenson, aos 38 anos, sonhou com um tom amedrontador de marrom. Desde sua primeira infância, Stevenson descrevera seus frequentes terrores noturnos como "visitas da Bruxa da Noite", que só a voz de sua babá era capaz de acalmar, com lendas e canções escocesas. Mas as perseguições da Bruxa da Noite se revelaram persistentes, e Stevenson descobriu que podia se valer disso exorcizando-as por meio de palavras. Assim, a tenebrosa cor marrom de seu pesadelo foi transformada em conto, dando origem, segundo nos diz, à história do dr. Jekyll e do Mr. Hyde.

Os escritores ficam tão surpresos quanto seus leitores com a existência de criações literárias exitosas. Alguns desses momentos de concepção chegaram até nós. A história do candidato a cavalheiro à procura de justiça ocorreu a Cervantes, como nos disse, enquanto sofria injustamente na prisão; a história das trágicas consequências de imaginar uma vida para Madame

Bovary veio à mente de Flaubert depois que ele leu uma breve notícia de jornal. Bradbury explica que teve o primeiro vislumbre do pavoroso mundo de *Fahrenheit 451* no começo da década de 1950, ao ver um casal caminhando de mãos dadas numa calçada de Los Angeles enquanto cada qual ouvia um rádio portátil.

No entanto, na maioria dos casos, o momento da criação literária nos é desconhecido tanto quanto o do próprio universo. Podemos estudar cada fração de segundo após o big bang assim como podemos ler (nos tempos em que os autores guardavam seus primeiros rabiscos) cada rascunho de *Em busca do tempo perdido* ou as várias versões dos poemas de Auden. Todavia, é bem misterioso o instante em que nasce a maior parte dos livros que mais amamos. O que propiciou a primeira ideia para a *Odisseia* na mente do poeta ou poetas que chamamos de Homero? Como um contador ou contadora de histórias, que não se deu ao trabalho de assinar seu nome, imaginou o cruel relato sobre Édipo, que mais tarde inspirou Sófocles e Cocteau? Que triste amante de carne e sangue quente serviu como modelo para a irresistível figura de Don Juan, amaldiçoado por toda a eternidade?

As confissões de autores raramente soam verdadeiras. Edgar Allan Poe explicou em longo ensaio que "O corvo" nasceu de sua intenção de escrever um poema acerca do que ele julgava "inquestionavelmente, o tema mais poético do mundo", a morte de uma bela mulher, usando para tal, como refrão, as sílabas mais ressonantes na língua inglesa, "er" e "ore." As palavras *never more* surgiram imediatamente para o refrão e, a fim de repeti-lo, Poe escolheu não uma pessoa, e sim um pássaro capaz de pronunciá-las. Não escolheu um papagaio, que em sua opinião não era suficientemente poético (tinha razão), mas um corvo, adequado à sua alma lúgubre. A explicação de Poe é lógica, apresentada de forma inteligente — e completamente impossível de se acreditar.

Talvez devamos nos contentar em admitir que milagres acontecem, sem perguntar como. Tudo o que pode ser imaginado, de uma forma ou de outra, no fim acaba se transformando em realidade: tudo, desde criações perfeitas como *Orlando furioso* ou o *Rei Lear* até abominações perfeitas, como minas terrestres ou bastões de choque. E, por ainda acreditarmos em causa e efeito, exigimos uma explicação para tudo: desejamos saber como cada coisa foi criada, o que a fez acontecer, qual a primeira pulsação que pôs o animal em movimento, de onde veio aquela coisa que temos hoje diante de nós.

Felizmente para nós, felizmente para a sobrevivência da inteligência humana, as abominações podem ser explicadas mediante análises históricas e psicológicas, embora talvez só tarde demais para que sejam remediadas. Também felizmente, as criações literárias não o podem ser. Podemos descobrir o que os autores dizem sobre as circunstâncias que envolveram o ato de criação, que livros leram, quais eram os pormenores cotidianos da vida deles, o estado de saúde, a coloração de seus sonhos. Tudo, exceto o instante em que as palavras surgiram, luminosas e distintas, na mente do poeta, e que a mão começou a escrever.

Lembro-me que, no dia em que comecei a montar minha biblioteca na França, tirei da caixa uma primeira edição de *Hypatia*, de Kingsley, o romance sobre a filósofa e matemática do século IV que foi assassinada por fanáticos cristãos. Recordo-me de abrir o livro e encontrar a descrição da Biblioteca de Alexandria, uma passagem que esquecera por completo, com exceção das palavras "azul sem chuva", sem saber de onde elas vinham. A passagem era a seguinte:

> À esquerda do jardim se via a sublime fachada oriental do próprio Museu, com suas galerias de pinturas e estátuas, salões de banquete e de leitura; uma enorme ala era ocupada pela famosa biblioteca fundada pelo pai de Filadelfo, a qual continha, no tempo de Sêneca, mesmo após a destruição da maior parte da coleção durante o cerco de César, quatrocentos mil manuscritos. Lá se erguia aquela maravilha do mundo, o telhado branco reluzindo contra o azul sem chuva; e, mais além, em meio ao

topo e ao frontão de edifícios nobres, uma ampla vista do brilhante mar azul.

Como poderia a descrição de Kingsley ter escapado de minha mente quando eu tentava retratar Alexandria e sua biblioteca num livro que escrevi alguns anos depois? Por que minha memória não foi mais prestativa quando eu tentava dolorosamente gerar uma imagem, factual ou imaginária, de como deve ter sido a antiga biblioteca? Minha mente é caprichosa. Às vezes sabe ser caridosa: nos momentos em que necessito de um pensamento consolador ou feliz, ela atira em minha direção, como moedas para um mendigo, as esmolas de um evento esquecido muito tempo antes, um rosto, uma palavra do passado, uma história lida em noite abafada quando eu estava debaixo das cobertas, algum poema descoberto numa antologia que meu ego adolescente acreditava não ter sido descoberto por ninguém. Mas a generosidade de meus livros está sempre lá, como parte de sua natureza, e, ao retirá-los de suas caixas, apesar de terem sido condenados ao silêncio por tanto tempo, eles ainda se mostram bondosos comigo.

Enquanto desencaixotava os livros na remota tarde que me devolveu a passagem de Kingsley, a biblioteca vazia começou a se encher com palavras desencarnadas e os fantasmas de pessoas que conheci e me guiaram por bibliotecas mais vastas que a de Alexandria. O desempacotamento também evocou imagens minhas de quando eu era mais jovem: despreocupado, corajoso, ambicioso, solitário, arrogante, sabichão. Desapontado, confuso, um pouco assustado, solitário e consciente de minha ignorância. Ali estavam os talismãs mágicos. Ali estava um livro de bolso com trechos selecionados de Tennyson em que, aos doze anos, li pela primeira vez "Tithonus", sublinhando as palavras que não entendia antes de decorar o poema. Lá estava, de Lucrécio, *De rerum natura* coberto de anotações a lápis feitas nas aulas de latim. Lá estava uma tradução em espanhol do livro *Da Guerra*, de Clausewitz, que pertencera a meu pai, encadernado em couro verde e sem as primeiras linhas das páginas cortadas. Lá estava, de H. G. Wells, *A ilha do dr. Moreau*, que meu amigo Lenny Fagin me deu de presente quando fiz dez anos. Lá estava o exemplar de *Dom Quixote* comentado por meu querido professor Isaias Lerner e publicado pela Editorial Universitaria de Buenos Aires, mais tarde fechada pelas autoridades militares que obrigaram Lerner a se exilar. Lá estava um exemplar do livro de Kipling, *Stalky & Co.,* que Borges lera na adolescência na Suíça e me dera como presente de despedida quando parti para a Europa em 1969. Lá estava *Maria Chapdelaine,* de Louis

Hémon, que pertencera ao homem de negócios canadense Timothy Eaton e cujas páginas só haviam sido abertas até a de número 93, com um marcador de livros do Hotel Savoy em Londres — livro que simbolizava para mim meu país de adoção: o romance mais típico de Quebec escrito por um francês, lido pela metade por um magnata anglo-canadense num hotel aristocrático de Londres. Tais encontros ocorreram muitas vezes durante os meses felizes que passei em meio às pilhas de volumes desenterrados.

Encaixotar, ao contrário, é um exercício de esquecimento. É como rodar um filme de trás para a frente, enviando narrativas visíveis e uma realidade metódica para as regiões do distante e do não visto, um ato de olvidar voluntário. É também o restabelecimento de outra ordem, ainda que secreta. "Ligação" (como os físicos chamam esse processo de novas formações químicas) implica a união de itens improváveis em grupos e identidades redefinidas por meio dos novos limites de uma cartografia feita de caixinhas em forma de retângulos. Se desencaixotar uma biblioteca constitui um audacioso ato de renascimento, encaixotá-la é um sepultamento preciso antes do juízo aparentemente final. Em vez das colunas turbulentas e infinitas de livros ressurretos, prestes a serem agraciados com um lugar compatível com suas virtudes particulares e vícios extravagantes, os agrupamentos são agora determinados por uma cova sem nome que transforma seu mundo das duas ostensivas dimensões de uma estante às três dimensões de uma caixa.

A biblioteca na França foi empacotada por diversos amigos generosos que desceram, como anjos, para nos ajudar a vencer nossa relutância. Lucie Pabel e Gottwalt Pankow chegaram de Hamburgo; Jillian Tomm e Ramón de Elia de Montreal, ficando na casa para catalogar os livros, mapear sua localização, embrulhar e colocá-los nas caixas de papelão. Por sua vez, eles convocaram outros amigos, que vieram e ajudaram durante semanas a fio, até que todos os livros haviam desaparecido das estantes e a biblioteca transformada num depósito de material de construção em meio a sacos vazios. Quando a *Mona Lisa* foi roubada do Louvre em 1911, multidões foram contemplar o espaço vazio com os quatro pinos que sustentavam o quadro, como se a ausência estivesse impregnada de sentido. De pé, em minha biblioteca vazia, senti o peso dessa ausência num grau quase insuportável.

Depois que a biblioteca foi empacotada, depois que os encarregados da mudança vieram e as caixas foram enviadas a um depósito em Montreal, eu ouvia os livros me chamando durante o sono. "Não me resigno ao ver corações que amamos serem enterrados no chão duro", escreveu Edna St. Vincent Millay. "Eles vão de mansinho, os belos, os carinhosos, os bons/ Sem fazer ruído eles se vão, os inteligentes, os espirituosos, os corajosos./ Eu sei. Mas não aprovo. E não estou resignada."

Para mim, não pode haver resignação no ato de encaixotar uma biblioteca. Subir e descer a escada para alcançar os livros a serem empacotados, remover bibelôs e pinturas que ficavam como oferendas votivas diante deles, pegar cada volume na estante e enfiá-lo em sua mortalha de papel são gestos automáticos e melancólicos que têm algo como um longo adeus. As fileiras desmontadas e prestes a desaparecer, condenadas a existir (se ainda existem) no domínio não confiável de minha memória, tornam-se pistas fantasmagóricas de um enigma privado. Ao desempacotar os livros, eu não estava muito preocupado em dar sentido às recordações nem em pôr numa ordem coerente. Mas, ao empacotá-los, senti que devia descobrir, como numa de minhas histórias de detetive, quem era responsável por esse corpo desmembrado, qual teria sido exatamente a causa da morte. Em *O processo*, de Kafka, depois que Josef K. é preso por um crime jamais especificado, sua senhoria lhe diz que a provação por que ele passa parece "algo sábio, que não entendo, mas que também não é preciso entender".* *"Etwas Gelehrtes"*, escreve Kafka: algo sábio. Era isso que parecia a inescrutável mecânica que estava por trás da perda de minha biblioteca.

Mas não preciso explicar como isso aconteceu. Por razões que não desejo recordar porque pertencem ao domínio da burocracia sórdida, no verão de 2015 decidimos deixar a França e a biblioteca que lá havíamos instalado. Era a conclusão absurda de um longo e feliz capítulo, assim como o início de outro que eu mal ousava esperar que seria igualmente feliz e pelo menos igualmente longo. Em vista das circunstâncias ignóbeis que nos forçaram a sair, sentimos que desmontar a biblioteca correspondia a um gesto de reequilíbrio similar ao de Walter Benjamin após seu divórcio. Encaixotar os livros era, como disse, um enterro prematuro, e agora eu precisava suportar o período consequente de raiva e pesar.

Caberia explicar aqui que não costumo procurar novidades e excitação. Não busco satisfação em aventuras, e sim na rotina. Em especial, ao me aproximar dos setenta anos, sinto prazer naqueles momentos em que não preciso refletir sobre os atos cotidianos. Gosto de

* Franz Kafka, *O processo*. Trad. e posf. de Modesto Carone. São Paulo: Companhia das Letras, 1997, p. 31.

atravessar um cômodo com os olhos fechados, sabendo pelo hábito onde tudo se encontra. Nas minhas leituras, como na vida, não sou chegado a surpresas. Mesmo quando menino, eu me lembro de temer aquele instante da história em que os dias felizes do herói seriam interrompidos por um evento inesperado e terrível. Embora eu soubesse pelos outros livros que haveria uma resolução, em geral satisfatória, eu preferia permanecer nas breves primeiras páginas em que Dorothy vive em paz com sua tia e seu tio, e em que Alice ainda não começou a cair no buraco do coelho. Como minha infância foi basicamente nômade, eu apreciava ler sobre vidas bem estruturadas, que seguiam um curso normal. No entanto, tinha consciência de que, sem alguma perturbação, não haveria aventura. Talvez essa ideia tenha sido enriquecida pela presunção de que as perturbações — desgraças, injustiças, calamidades, sofrimentos — eram a condição necessária para a invenção literária. "Os deuses fiaram a destruição para os homens", diz o rei Alcino na *Odisseia*, "para que também os vindouros tivessem temas para os seus cantos." Eu queria a canção, mas não a tapeçaria.

Terceira digressão

A noção de que o sofrimento esteja na raiz do processo de criação tem suas origens num fragmento atribuído a Aristóteles ou, melhor dizendo, à escola de Aristóteles. Ao longo dos séculos, essa noção melancólica adquiriu conotações positivas e negativas, e foi explorada por conta de suas relações com causas somáticas, tendências psíquicas e escolhas espirituais, ou como uma reação a certos ambientes naturais ou culturais. A variedade de tais atribuições indica a duradoura atração da melancolia. Desde Aristóteles (e provavelmente muito antes), filósofos, artistas, psicólogos e teólogos tentaram descobrir no estado quase indefinível da melancolia a origem do impulso criador, e talvez até mesmo do próprio pensamento. Ser melancólico, triste, deprimido, infeliz — segundo a crença popular — é bom para o artista. O sofrimento, dizem, produz boa arte.

Essa crença implica dois corolários ainda mais perigosos. O primeiro é de que há um estado existencial em que não somos sofredores. Não satisfeitos com a história de que em algum momento, no Éden, fomos felizes e agora temos de ganhar nosso pão suando a camisa, estamos cercados por anúncios que nos dizem que podemos voltar ao Éden com a ajuda de um cartão de crédito *platinum* e ser tão belos quanto a primeira Eva, com a ajuda de um designer de moda. A segunda crença implícita é que, de algum modo, a arte é culpada por nos fazer infelizes. No livro *Admirável mundo novo*, de Aldous Huxley, o Administrador justifica sucintamente a decisão de eliminar a arte da sociedade humana: "Este é o preço que devemos pagar pela estabilidade. Temos de escolher entre a felicidade e o que as pessoas costumavam chamar de arte superior. Sacrificamos a arte superior".

Claro que, deixando de lado o fato de que nossas emoções são maravilhosamente caleidoscópicas, seria mais correto dizer que os artistas trabalham melhor quando estão felizes. A agonia existencial e física de Schopenhauer só era aliviada quando ele escrevia, mas ninguém jamais saberá se ele de repente se sentia feliz e escrevia, ou se começava a escrever e de repente se sentia feliz. Podemos dizer que Dante, em seu lúgubre exílio, teve momentos de felicidade quando, no curso da *Divina comédia*, encontra Casella na praia do Purgatório ou Brunetto Latini nas areias escaldantes do Inferno, e podemos supor que foi da recordação de um passado feliz que nasceu o poema, apesar do que Francesca tem a dizer sobre as alegrias relembradas.

Philip Larkin escreveu um poema, intitulado "None of the Books Have Time" [Nenhum dos livros tem tempo], no qual descreve dois estados emocionais: um melancólico, que revela empatia com o sofrimento; o outro egocêntrico, alegremente desinteressado pelas dores do mundo. O mito de que o artista precisa sofrer para criar é totalmente errôneo. Sem dúvida, o sofrimento é parte do destino humano, e a poesia descreve tais tormentos. No entanto, o canto vem depois, não nas vascas da agonia, mas com a recordação daquele pesar e do alívio propiciado pela escrita.

Um século atrás, Thomas Carlyle assim descreveu o escritor: "Com seus direitos de autor e seus erros autorais, no seu sótão miserável e vestindo o casaco roto, ele, do túmulo, governa após a morte (pois é isso que faz) nações e gerações que lhe deram ou não do que comer enquanto vivia". Mais provável, como todos sabemos, é que não tenham dado.

Por isso, ele ou ela se senta diante da pequena mesa, olhando fixamente para uma parede nua ou coberta de cartões, fotos, charges humorísticas e frases memoráveis, como a parede de uma cela de prisão da qual não há como fugir. Sobre a mesa, os instrumentos de seu ofício. Costumavam ser papel e pena, ou uma máquina de escrever mambembe, mas, claro, hoje em dia é o processador de texto, cuja tela, até pouco tempo atrás, irradiava um estranho brilho esverdeado, semelhante à criptonita, que sugava toda a energia daquele super-homem ou supermulher. O que mais se encontra sobre a mesa? Um conjunto de figuras totêmicas que supostamente trazem sorte ou afastam os maus espíritos da distração, da preguiça, da procrastinação — objetos mágicos que protegem contra a maldição dos gélidos espaços em branco. Uma xícara vazia de chá ou café. Uma pilha de contas a pagar. De onde veio essa imagem patética do escritor?

Na Grécia e em Roma houve, vez por outra, escritores que pareceram solitários e pobres, como o cínico Diógenes em seu barril ou o poeta Ovídio, banido para os bairros miseráveis de Tomis. Mas esses eram casos específicos, a pobreza extrema ditada por circunstâncias extraordinárias, seja por terem escolhido viver sem os confortos da época, como Diógenes, ou por serem punidos ao dizer a verdade, como Ovídio.

Talvez tenha sido na Idade Média que a imagem do pobre escriba se cristalizou: dedos crispados de frio, contraído em sua cadeira alta, curvado sobre o pergaminho, forçando a vista na luz débil. De onde quer que haja brotado tal imagem, o fato é que ela "pegou". O escritor no seu cantinho, o escritor longe da multidão ululante. E, óbvio, o escritor paupérrimo. A pobreza virtuosa, noção que os primeiros cristãos compartilharam com os estoicos gregos, é crucial. Na imaginação popular, a pobreza e o sofrimento da carne permitiam a comunhão com o Espírito Santo ou com as musas.

É inútil contrapor que milhares de escritores não se encaixam nesses critérios lúgubres. Há escritores que vivem na estrada, como os poetas provençais ou Jack Kerouac. Há escritores gregários, como André Malraux ou F. Scott Fitzgerald. Há escritores que nadam em dinheiro (reconhecidamente um número menor que o das categorias anteriores), como Somerset Maugham ou Nora Roberts. Mas, uma vez plantada, a imagem criou raízes profundas, e na mente das pessoas o escritor é alguém solitário, amuado e pobre.

A pergunta se impõe: por que tal imagem é tão atraente?

Como muitas criações literárias que se iniciam como estalos de gênio e terminam como surrados clichês (Macbeth queixando-se do som e da fúria, Dom Quixote combatendo os moinhos de vento), a imagem do escritor confinado ao sótão foi apenas uma criação literária, nascida sem dúvida para descrever certo escritor em certo momento num poema ou romance há muito perdido.

Foi só mais tarde que se transformou no lugar-comum que hoje nos intriga. Os escritores podem dar risadinhas diante dessa imagem, mas o público (essa vasta criação imaginária) a considera verdadeira e se permite fazer uma série de suposições. Por exemplo, que os escritores são misantropos, que os escritores só conseguem ser criativos nas situações das mais desconfortáveis, que os escritores se comprazem com a miséria. E, mais importante, que a pobreza é de algum modo parte da essência do escritor.

O fato de alguém ter escrito determinado livro "numa cama no sótão" ou de tê-lo "iniciado, prosseguido e concluído no decurso da longa recuperação de uma doença e em estado de grande penúria financeira", como Jonathan Swift declarou no prefácio de *História de um tonel*, não diz muito sobre a qualidade da obra.

Há escritores que se convencem a si mesmos da verdade dessa imagem e aceitam o papel de pobres marginais sem questioná-lo. Há algo masoquistamente gratificante em lutar a vida toda pela dedicação à arte, algo que apela à máxima puritana de que se atinge a glória mediante sofrimento. (Os gregos viam a arte e o comércio como incompatíveis: nenhuma das nove Musas se envolvia em transações comerciais, e os negócios no Olimpo eram deixados nas mãos de Hermes, o trapaceiro, deus dos mercados e ladrões, que era o mensageiro de outras divindades. Como os cavalheiros e as damas vitorianas, os deuses gregos não se rebaixavam para lidar diretamente com comerciantes.)

Ser doente, ser deprimido, ser pobre não contribui para gerar gênios criativos; isso só serve para reforçar a ideia de que os ricos mecenas gostam de ter a respeito do artista para assim justificarem seu pão-durismo. Conta-se uma anedota sobre o magnata da indústria cinematográfica Samuel Goldwyn quando ele tentou comprar os direitos de uma das peças teatrais de Shaw. Goldwyn, sendo quem era, ficou barganhando o preço até que Shaw se recusou a vender. Goldwyn não conseguiu entender por quê. "O problema, Mr. Goldwyn", disse Shaw, "é que o senhor só está interessado na arte, e eu só estou interessado no dinheiro."

Eu deveria ter aprendido com minhas leituras que tais infelicidades têm de acontecer. Não me refiro a obstáculos grosseiros — que as viagens de Ulisses pudessem ser interrompidas por agentes de imigração ou que Jack Hawkins devesse entregar seus tesouros a fiscais de impostos. Mas até mesmo o tornado que lança Dorothy em suas aventuras ou o zombeteiro Gato de Cheshire (que explica a Alice que todo mundo é louco, incluindo ela) constituíram para mim catástrofes incômodas, embora necessárias. Eu queria que as coisas permanecessem pacificamente inalteradas e que não fosse permitido que a injustiça atravessasse o umbral, como eu sabia que ocorreria. Sou supersticioso: para afastar as mudanças malévolas, eu amarrava pedaços de fita vermelha em todas as maçanetas da casa.

Lembro-me de que certa manhã, pouco depois de ter decidido com meu companheiro vender a casa e encaixotar a biblioteca, acordei de algum pesadelo e me vi pensando em Kafka. Na biblioteca eu tinha três estantes dedicadas a ele, inclusive diversas edições de *A metamorfose*. Uma pergunta me atormentava: por que acontece a metamorfose de Gregor Samsa? Por que Gregor desperta de manhã após um pesadelo e se vê transformado em inseto gigantesco?

Não tenho mais à mão os livros de Kafka, mas num caderno de notas que carrego para todo lado anotei algumas frases de suas cartas, como a seguinte: "Lemos para fazer perguntas". De fato. Ao ler Kafka, sinto que as perguntas evocadas estão sempre um pouco além de minha compreensão. Prometem uma resposta, mas não agora, talvez na próxima vez, na próxima página. Algo em seus escritos — alguma coisa inacabada mas muito bem afiada, "*Etwas Gelehrtes*", alguma coisa cuidadosamente elaborada e no entanto deixada exposta aos elementos — permite-me aproximações, intuições, sonhos pela metade, mas nunca uma compreensão total. Os textos de Kafka são meticulosos, ironicamente severos, cada página produzida — como ele disse — "com raiva, golpe após golpe". Kafka me oferece incertezas absolutas que se encaixam em muitas das minhas. Por exemplo, sua descrição de troncos de árvores na neve: "Aparentemente lá estão eles, lustrosos, como se um pequeno empurrão fosse suficiente para fazê-los sair rolando. Não,

não podemos fazer isso porque estão firmemente enraizados no solo. Mas, veja, isso também é só na aparência".

Sempre que eu abria um dos livros de Kafka, tinha a impressão de que me havia sido concedida uma espécie de intuição teológica, uma ascensão lenta e gradual em direção a um deus terrível que nos oferece ao mesmo tempo felicidade e a impossibilidade de gozá-la. Para Kafka, o Jardim do Éden ainda existe, mesmo se não mais o habitamos. Assim como a Lei do lado de fora, cujas portas esperam pelo protagonista da fábula contada pelo padre em *O processo*, nosso Éden inacessível permanece aberto para nós até o momento de nossa morte. Vladimir Nabokov, leitor sutil de *A metamorfose*, reconheceu no relato fantástico uma descrição de nosso destino cotidiano. "O inseto em que Gregor se transforma", disse Nabokov a seus alunos universitários, "é um tipo de barata com asas sob sua carapaça. Caso Gregor houvesse achado essas asas, teria sido capaz de abri-las e escapar da prisão." E Nabokov acrescentou: "Como Gregor, muitos Joões e muitas Marias não sabem que têm asas sob suas carapaças, e que podem voar".

Um ano antes de sua morte, Kafka se encontrou com a irmã Elli e os três filhos pequenos dela na estação de águas de Müritz, na Alemanha. Uma das crianças tropeçou e foi ao chão. Os outros estavam prestes a cair na gargalhada quando Kafka, a fim de evitar que o menino se sentisse humilhado por ter se atrapalhado, disse-lhe em tom elogioso: "Como você fingiu bem que tinha caído! E com que agilidade se levantou!". Talvez possamos esperar (provavelmente em vão) que algum dia Alguém nos diga essas palavras redentoras.

Quarta digressão

Atos de injustiça que me deixam impotente fazem-me sentir menos parecido com Jó do que com Lear. Tenho vontade de desabafar como o velho muito tolo e querido: "Minha vingança contra vocês será tal/ Que o mundo inteiro vai... Vou fazer tais coisas [...]/ O terror do mundo".* "Tais coisas" faz parte da minha lista de "Providências a tomar", nunca especificadas mas sempre presentes, esperando por um bafejo de inspiração a fim de realizá-las. Acho que os sonhos de vingança, por mais imprecisos e ilusórios, têm algo de reconfortante, e tanto os sonhos como o alívio podem durar. Sei que é um desperdício de energia emocional, mas guardo rancores por um tempão. Cynthia Ozick certa vez me disse que, quando um judeu testa uma nova caneta, ele não escreve seu nome, como a maioria das pessoas costuma fazer, mas sim a palavra "amale-

* William Shakespeare, *Rei Lear*. Trad. e notas de Lawrence Flores Pereira. São Paulo: Penguin Classics Companhia das Letras, 2020, p. 153.

quitas" — os antigos inimigos de Israel —, e depois a risca, executando assim uma vingança bíblica contra a tribo que seu povo derrotou tantos séculos antes. Aparentemente, o ódio ainda está vivo, muito depois que o último amalequita se juntou a seus antepassados cobertos de pó.

O ódio entre os judeus pode ser duradouro, mas pedir e oferecer perdão também é um velho costume judaico. Na véspera de Yom Kippur, minha avó seguia o ritual pedindo perdão a seus parentes e amigos, que por sua vez lhe pediam perdão. A ninguém o pedido era negado, jamais. No entanto, ela acreditava que o ritual não passava de formalidade. E costumava contar que uma de suas primas, após pedir perdão a uma rival de longa data, recebeu a seguinte resposta conciliatória: "Eu te desejo tudo o que você me deseja". Ao que a prima retrucou: "Então, Clara, você está começando tudo de novo?".

A despeito do ritual tranquilizador, sempre considerei o ato de perdoar perigosamente próximo à arrogância desdenhosa, os ofendidos fazendo-se de superiores ao desprezar a maldade que lhes foi dirigida, como se estivessem acima de todas as tentativas insultuosas. Todavia, há talvez uma resposta intermediária ao insulto que nem se consume no ódio nem se imobiliza num perdão incondicional — reação que admite a natureza de atos malévolos cometidos por tolice ou com intenções criminosas, mas não permite que a ofensa seja eterna. Imaginar a retaliação significa essencialmente inventar histórias, um exercício gratificante e saudável. Em tais fantasias, é possível ver-se que a justiça está sendo feita de algum modo, e a satisfação vem da consciência intelectual da necessidade não de vingança, mas de não permitir que o mal deixe de ser reconhecido. O perdão, como sabemos, não se equipara necessariamente à absolvição, à anistia ou mesmo à eliminação do ato ofensivo de nossa memória. Significa simplesmente liberar a pessoa ofendida da obrigação de alimentar a ofensa em sua mente. É isso que Jane Eyre faz quando concede perdão a sua maligna tutora, Mrs. Reed. Sem seu perdão, o capítulo não pode terminar e dar início a um novo.

Shakespeare foi um explorador ávido dessa qualidade paradoxal. Quase todas as suas peças contêm um elemento de vingança. Em *Otelo*, só uma espécie de eternidade é capaz de saciar a sede do Mouro para se vingar do difamado Cássio. "Ah, se esse escravo tivesse quarenta mil vidas!", grita Otelo. "Uma só não basta para a minha vingança!"* Sonhando em se desforrar, a pessoa injuriada intui que mesmo a realização do ato

---

* William Shakespeare, *Otelo*. Trad., intr. e notas de Lawrence Flores Pereira. São Paulo: Penguin Classics Companhia das Letras, 2017, p. 205.

não eliminará a necessidade de retaliação. Em *O mercador de Veneza*, Shylock relaciona esse desejo irreprimível entre os traços comuns de toda a humanidade. "Se vocês nos enganarem", ele pergunta aos amigos cristãos de Antonio, "não nos vingaremos? Se somos como vocês em tudo mais, nisso também nós seremos semelhantes. Se um judeu enganar um cristão, como ele será pago? Com vingança. Se um cristão enganar um judeu, deveria ele reagir com a tolerância cristã? Ora, com a vingança." Na peça extraordinariamente sanguinolenta *Tito Andrônico*, o protagonista afirma tanto a natureza irrefreável da vingança como também algo similar à curiosidade sobre a forma como o destino levará a cabo tal impulso. Aaron, o amante malévolo, descreve como a paixão pela retaliação toma conta de todo o seu corpo: "A vingança está em meu coração, a morte em minha mão, sangue e vingança martelando em minha cabeça". Para Marco Andrônico, o irmão razoável de Tito, a vingança reside no curso dos eventos, independentemente da vontade humana, "no que Deus vai descobrir para a vingança". E, em *Cibelino*, no fim da peça o ciumento Leonato troca, com toda arrogância, seu direito à vingança por um desdenhoso perdão: "não se ajoelhe a meus pés", ele diz ao desleal Iachimo. "O poder que tenho sobre você é poupá-lo; a maldade contra você está em perdoá-lo: viva, e trate melhor os outros."

Talvez algum dia eu atinja essa qualidade desdenhosa de perdão. Até lá, um certo luto obstinado me invade quando penso em meus livros abandonados.

No dia em que eu vi minha biblioteca na França pela última vez, fiquei desesperadamente infeliz, e ondas de lembranças de frases sobre vingança, ódio e angústia vieram "martelar minha cabeça" como se a biblioteca estivesse abrindo seus livros para mim num derradeiro gesto de amizade. Uma citação de *Alice através do espelho* veio a meu socorro. A fim de consolar Alice, que está muito infeliz no estranho reino do tabuleiro de xadrez, a Rainha Branca a instrui: "Considere a menina grande que você é. Considere a longa distância que percorreu hoje. Considere que horas são. Considere qualquer coisa, mas não chore!".* Eu considerei muitas coisas: o lugar pacífico em que a biblioteca tinha sido instalada, o tempo que levei para montá-la, os livros que comprei enquanto estive lá. Perguntei-me que circuns-

---

* Lewis Carroll, *As aventuras de Alice no País das Maravilhas & Através do espelho*. Trad. de Maria Luiza X. de A. Borges. Rio de Janeiro: Zahar, 2013.

tâncias me levaram a criar a coleção que estava prestes a ser guardada em caixas numeradas. Que capricho me fez arrumar tais volumes como se fossem os países coloridos do meu globo? O que gerou aquelas associações cujos significados pareciam decorrer de emoções desbotadas e de uma lógica cujas regras eu não conseguia mais lembrar? E será que o que sou hoje reflete aquela distante assombração? Porque, se toda biblioteca é autobiográfica, seu encaixotamento parece assemelhar-se a um autonecrológio. Talvez essas questões sejam o verdadeiro objeto desta elegia.

Há leitores para quem os livros existem enquanto estão sendo lidos, e mais tarde como recordações das páginas lidas, mas que sentem serem dispensáveis suas encarnações físicas. Borges, por exemplo, era um desses. Os que jamais visitaram o modesto apartamento de Borges imaginavam que sua biblioteca era tão vasta quanto a de Babel. Na verdade, Borges mantinha apenas poucas centenas de livros, e mesmo esses costumava dar de presente aos visitantes. Ocasionalmente, certo volume tinha valor sentimental ou supersticioso para ele, mas, de modo geral, o que lhe interessava eram algumas linhas relembradas, não o objeto material onde as encontrara. Para mim, sempre foi o contrário.

Num poema que aprendi de cor quando criança,

Coventry Patmore dizia que, numa noite, após bater no seu filho pequeno porque ele lhe desobedecera, foi ao quarto do menino e viu que,

> *numa mesa próxima à cabeça,*
> *ele pusera, ao alcance da mão,*
> *uma caixa de fichas de jogos,*
> *uma pedrinha com veios vermelhos,*
> *ou um pedaço de vidro polido pelas areias da praia.*
> *E mais seis ou sete conchas,*
> *uma garrafa com jacintos*
> *e duas moedas de cobre francesas,*
> *tudo arrumado com cuidado artístico para consolar seu*
> *[coração entristecido.*

O consolo é fundamental. Os objetos consoladores em minha mesinha de cabeceira são (sempre foram) livros, e minha biblioteca era, ela própria, um local tranquilo de consolo e reconforto. Pode ser que os livros tenham essa qualidade calmante porque na verdade não os possuímos: os livros nos possuem. Julio Cortázar, alertando contra a aceitação de um relógio como presente, diz a seus leitores: "Quando o presenteiam com um relógio [...] Presenteiam-no com o medo de que o perca, de que o roubem, de que caia no chão e quebre. Presenteiam-no com sua marca, e a segurança de que é uma marca melhor que as outras, presenteiam-no com a tendência a comparar seu relógio com os outros relógios. Não o presenteiam com um relógio, é você o presente, é você o presente no aniversário do relógio".* Algo similar pode ser dito sobre meus livros.

Talvez os livros que escolhemos determinem nossa perdição ou salvação aos olhos de deuses cheios de manias. Em seu "Relatório do Céu e do Inferno", Silvina Ocampo conclui: "As leis do céu e do inferno são versáteis. Ir a um lugar ou ao outro depende de um ínfimo detalhe. Conheço pessoas que por causa de uma chave defeituosa ou uma gaiola de vime foram para o Inferno, e outras que, por uma folha de jornal ou uma xícara de leite, ao Céu".** Minha salvação pode depender de haver lido determinado livro de Richard Outram, de William Saroyan, de Jan Morris, de Olga Sedakova.

Os livros em minha biblioteca prometiam-me consolo e também a possibilidade de conversas iluminadoras. Cada vez que pegava um deles, me era concedida a

* Julio Cortázar, *Histórias de cronópios e de famas*. In: *Contos completos, v. 1, 1945-1966*. Trad. de Heloisa Jahn. São Paulo: Companhia das Letras, 2021, pp. 382-3.
** Silvina Ocampo, "Relatório do Céu e do Inferno". In: *A fúria e outros contos*. Trad. de Livia Deorsola. São Paulo: Companhia das Letras, 2019, p. 209.

recordação de amizades que dispensavam apresentações, cortesias convencionais, emoções fingidas ou ocultadas. Eu sabia que, naquele espaço familiar entre as capas, teria à noite em minhas mãos um volume do dr. Johnson ou de Voltaire que eu nunca abrira, e descobriria uma frase que por séculos aguardava por mim. Sem ter que refazer todo o caminho, eu tinha certeza de que o romance O *homem que foi quinta-feira,* de Chesterton, ou um volume dos poemas de Cesare Pavese seria exatamente o que eu precisava para expressar em palavras o que sentia em determinada manhã. Os livros sempre falaram por mim, e sempre me ensinaram muitas coisas bem antes que elas chegassem materialmente em minha vida. Os volumes físicos foram para mim algo muito semelhante a criaturas de carne e osso, que compartilham de minha cama e de minha mesa. Essa intimidade e confiança começam cedo entre os leitores.

Minha biblioteca, embora recentemente instalada, era em essência um lugar antigo: entre meus livros estão os primeiros protagonistas de nossa literatura. A *Epopeia de Gilgamesh* não começa com o rei aventureiro, mas com uma caixa no alto de uma torre que contém o livro feito de lápis-lazúli em que o poema é escrito, e nas primeiras páginas do *Mahabharata* o bardo Ugrashravas fala dos volumes dos Vedas sagrados e das histórias no

Bharata que iluminarão seus ouvintes. Nas primeiras cópias do *Livro dos mortos* egípcio, as almas são vistas carregando o mesmo livro em sua viagem ao Além, uma das primeiras *mises en abyme* da história. Desde esses tempos distantes, os livros têm definido os personagens que os leem ou possuem, o livro dentro do livro se tornando um espelho do protagonista, que é um espelho do leitor, como a peça dentro da peça que Hamlet monta para pegar numa armadilha seu tio assassino, mas que também, implicitamente, descreve o próprio Príncipe.

O mais famoso e mais querido desses leitores (pelo menos para mim) é Alonso Quijano, o velho que se torna Dom Quixote por meio de suas leituras. O pároco da aldeia e o barbeiro, a fim de curá-lo do que entendem ser loucura, jogam na fogueira a maior parte dos livros do velho e ocultam os sobreviventes atrás de um muro de tijolos para dar a impressão de que a biblioteca nunca existiu. Quando, após dois dias de convalescência, Dom Quixote sai da cama e vai procurar o consolo de seus livros, não os encontra. Dizem-lhe que um bruxo chegou certa noite numa nuvem e fez sumir numa baforada os livros e o aposento onde eles se encontravam. Cervantes não nos conta o que Alonso Quijano sente ao ouvir isso; diz simplesmente que o velho permaneceu em casa durante toda uma quinzena, sem falar uma só palavra acerca da intenção de partir em sua aventura como cavaleiro andante. Sem seus livros, Alonso Quijano não é mais o que era. Mas então, quando Dom Quixote conversa com o barbeiro e o pároco, e recorda-se dos livros que o haviam ensinado sobre a necessidade que o mundo tinha da ética dos cavaleiros, sua força imaginativa retorna. Ele sai de casa, recruta um camponês vizinho, Sancho Pança, para ser seu escudeiro e se lança em novas aventuras, nas quais, embora continue a ver o mundo através das palavras impressas das histórias, ele não necessita mais delas em termos materiais. Tendo perdido seus livros como objetos, Dom Quixote reconstitui sua biblioteca na mente, encontrando nas páginas rememoradas a fonte de uma força renovada. Ao longo do restante do romance, Dom Quixote não lerá nenhum livro, nem aquele que conta suas próprias aventuras, quando ele e Sancho descobrem a crônica dos feitos dos dois publicada por uma editora de Barcelona, nem aqueles livros que o hospedeiro lhe mostra, porque agora Dom Quixote atingiu um estado de leitura perfeita, conhecendo seus livros de cor, no sentido mais rigoroso da palavra.

Já li *Dom Quixote* muitas vezes desde meu tempo escolar, e sempre senti, sobretudo no capítulo em que Quijano descobre sua perda, uma profunda simpatia pelo velho tapeado. Agora, tendo perdido minha própria biblioteca, acho que posso compreender ainda melhor o que ele amargou e por que se lançou outra vez no mundo. A perda ajuda-nos a lembrar, e a perda de uma biblioteca nos ajuda a lembrar quem de fato somos.

Quinta digressão

Talvez a maior perda de uma biblioteca (embora a perda de qualquer biblioteca seja incomensurável) ocorreu num dia que nossas histórias misteriosamente não registraram. Não sei exatamente quando foi destruída a biblioteca que se tornou o modelo para todas as outras, a de Alexandria. Na verdade, sabemos nada, ou quase nada, da grande biblioteca, com exceção de sua fama. A descrição de Kingsley está provavelmente mais próxima de um quadro de Alma-Tadema, pintado em sua própria época, do que da biblioteca que os viajantes contemporâneos consideravam conhecida demais para se darem ao trabalho de descrever. Não temos um só relato de como ela funcionava, qual sua aparência externa, quão grande era, quem eram os leitores que lá estudavam. Podemos presumir algumas dessas coisas a partir de diferentes fontes, mas só contamos com histórias (provavelmente verdadeiras) sobre sua criação e histórias (provavelmente falsas) sobre seu fim.

Tanto quanto sabemos, a Biblioteca de Alexandria foi fundada no século III a.C. por Ptolemeu I, general macedônio que servira sob Alexandre, o Grande, o qual, por sua vez, tivera Aristóteles como tutor. Segundo a lenda, a biblioteca foi montada com base nos livros deixados por Aristóteles a um de seus alunos, Demétrio de Faleros, e guardados no Mouseion, a casa das Musas, filhas da deusa Memória. A fim de alimentar a voraz empreitada, os reis ptolemaicos ordenaram que todos os livros em seus domínios, uma vez comprados ou copiados, fossem transportados para a biblioteca, que, no auge da fama, teria contado com quase meio milhão de pergaminhos. Os navios que aportavam em Alexandria eram revistados em busca de livros que pudessem estar trazendo. Caso algum fosse encontrado, era confiscado pelas autoridades portuárias, copiado e devolvido, embora às vezes as cópias, e não os originais, fossem entregues de volta a seus proprietários.

Durante pelo menos três séculos, a Biblioteca de Alexandria guardou sob seu teto a maior parte da memória do mundo do Mediterrâneo. Seu fim ocorreu em circunstâncias tão incertas quanto as de sua existência. Escrevendo quase um século após os supostos acontecimentos, Plutarco nos diz que a biblioteca foi consumida pelo incêndio provocado por tropas de Júlio César, em 48 a.C., durante o cerco de Alexandria — história que parece duvidosa para a maioria dos estudiosos, que creem haver o incêndio destruído apenas os armazéns próximos ao porto onde eram mantidas as sobras de livros. Talvez a atração desse relato, muitas vezes repetido, esteja na *Schadenfreude* de saber que a presunçosa biblioteca encontrou o fim num fogo tão feroz quanto sua ambição.

Qualquer que tenha sido a causa, após a destruição os leitores em Alexandria usaram uma "filha da biblioteca" localizada no Serapeu, templo erigido em outra parte da cidade, ao qual também foi dado um fim trágico. De acordo com um historiador do século v, Sócrates de Constantinopla, no ano de 391 o papa copta Teófilo ordenou que o Serapeu fosse demolido. Muita coisa terminou naquela época. No mesmo ano, o imperador Teodósio proibiu os rituais pagãos e decretou o cristianismo como religião oficial, fechou todas as escolas não cristãs de filosofia, interditou todos os locais de culto pagão e apagou o fogo sagrado no Templo de Vesta, em Roma.

Um dos primeiros estudiosos a trabalhar na biblioteca foi Calímaco, poeta e crítico grego. Ele era maravilhosamente prolífico. A enciclopédia bizantina do século x, conhecida como *Suda*, atribui-lhe mais de 800 livros, dos quais só sobreviveram 6 hinos e 64 epigramas. Por conta de sua meticulosa erudição, ele ganhou a fama de elitista e pedante. Dedicado à biblioteca e à sua ambição, Calímaco compilou num catálogo de 120 páginas "todos aqueles livros ilustres na literatura". Os *Pinaces*, como o catálogo era conhecido, se tornaram uma espécie de cânone anotado das obras mais importantes (segundo a opinião fundamentada de Calímaco) naquela coleção quase incomensurável. Os *Pinaces* se perderam, tal como a maior parte dos livros e autores que eles supostamente fariam viver para sempre.

Calímaco acreditava que o ato da leitura concede vida eterna aos livros e seus autores. Num poema dedicado a Heráclito, ele explicita tal pensamento:

> Faz muito tempo, meu amigo halicarnassiano, você
> [virou cinzas,
> mas seus poemas, seus cantos, vivem ainda.
> Hades se apropria de tudo, porém não pode tocá-los.

Talvez. Alguns livros sobrevivem à destruição de uma biblioteca, e alguns autores se agarram à jangada de seus livros sobreviventes. Outros, porém, se vão junto com o edifício que os abrigava. Meu professor de latim diria: "Devemos nos sentir gratos por não saber quais os grandes livros que pereceram em Alexandria, porque, se soubéssemos, ficaríamos inconsoláveis".

No entanto, sabemos de alguns. Quase certamente entre os que se perderam estava o épico cômico *Margites*, de Homero, que para Aristóteles foi o precursor de todas as comédias, "assim como a *Ilíada* e a *Odisseia* são os precursores das tragédias". O segundo livro de Aristóteles, *A poética* (que fornece o motivo para o assassino no livro *O nome da rosa*, de Umberto Eco), desapareceu nas chamas da biblioteca. O mesmo se deu com a maior parte das obras dos principais dramaturgos gregos. Segundo fontes antigas, a biblioteca continha 90 peças de Eurípedes, 70 (alguns dizem 90) de Ésquilo e 123 de Sófocles. Dessa vasta coleção, além de fragmentos esparsos, apenas nos chegaram por inteiro 18 peças de Eurípedes, 7 de Ésquilo e 7 de Sófocles.

Calímaco morreu em 240 a.C., ano em que outro bibliotecário de Alexandria, Eratóstenes, que se diz ter fundado a ciência da geografia, calculou a circunferência da Terra com um erro de 2%. Durante o tempo que serviu como chefe dos bibliotecários, ele conseguiu obter as cópias oficiais atenienses (o que havia de mais próximo dos originais) das obras dos três maiores dramaturgos gregos: Sófocles, Ésquilo e Eurípedes. Conseguiu também que o rei de Alexandria concordasse em oferecer o equivalente nos dias de hoje a 4 milhões de dólares em garantia pelos preciosos manuscritos. Todavia, quando os pergaminhos chegaram em Alexandria, Eratóstenes fez o rei ceder o depósito, copiou os manuscritos e enviou as cópias a Atenas. Os atenienses, tendo os textos e o dinheiro, se deram por satisfeitos.

Às vezes milagres acontecem. Alguns anos atrás, vasculhando a Biblioteca Nacional de Atenas, um jovem estudioso francês descobriu o que pensou ser (e mais tarde se comprovou) uma carta de Galeno, o médico grego do século II, dada como perdida muito tempo antes. Galeno criara uma valiosa biblioteca de manuscritos médicos e também das obras de Aristóteles, Platão e outros, as quais anotara cuidadosamente. Como a coleção lhe pareceu preciosa demais para ficar desprotegida em sua casa de Roma, Galeno a guardou num depósito de Óstia, julgado extremamente seguro porque havia guardas do governo no portão a fim de garantir a segurança dos silos de grãos. Todavia, certa noite houve um incêndio que transformou em cinzas os grãos e os livros de Galeno. Um amigo lhe escreveu compadecendo-se de sua perda, e o médico respondeu numa carta (desencavada pelo estudioso francês) em que estoicamente se recusa a chorar pela perda de sua biblioteca, comentando em vez disso para o amigo, em grande detalhe, os livros queimados e como os havia lido e anotado.

"Colecionar: exercer controle sobre o que é insuportável", diz Ruth Padel. Acho que esse sempre foi um desejo irrealizado no meu relacionamento com os livros. Presentes como objetos sólidos, imaginamos os livros como inertes e passivos, e tão desprovidos de intelecto que nos permitimos dotá-los de significados de nossa própria lavra. À pergunta dos samaritanos: "Podem essas pedras viver?", respondemos: "Sim", e tratamos de fazer dos livros nossos amigos íntimos, transformando-os em presenças em meio às quais residimos. Na minha biblioteca, eu me sentia cercado por essa "maioria silenciosa" (como Homero chamava os mortos), um vasto rebanho de páginas que guardavam a chave para meu passado e instruções para meu presente, assim como amuletos úteis para os rituais cotidianos. Todos eles, exceto por suas sombras vagamente relembradas, estão agora perdidos, ao menos por enquanto.

Talvez a perda seja uma característica herdada. Minha avó materna tinha o dom de perder coisas. Emigrou ainda adolescente dos subúrbios da cidade russa de Ecaterimburgo para uma das colônias do barão Hirsch na Mesopotâmia argentina e, desse mundo de judeus gaúchos, para o bairro judeu de Buenos Aires, conhecido como Once. Mesmo no seu pequeno apartamento, ela conseguia perder coisas. O lenço com bordas rendadas desaparecia misteriosamente nas profundezas abissais de sua bolsa preta. Os fósforos de que necessitava para acender as velas do Shabat sumiam do lugar que lhes era reservado junto ao samovar. Quando ela precisava de pó de canela para o strudel de marmelo, a pimenta branca aparecia como um fantasma no lugar da canela, e, quando ela precisava da pimenta para o *gefilte* de peixe, o espaço que lhe correspondia na estante de temperos estava vazio. Minha avó perdia receitas, fotografias, meias, documentos, joias, dinheiro. Perdia com tamanha frequência suas passagens de bonde que os fiscais (que a reconheciam por tê-la visto durante décadas no mesmo bonde e fazendo o mesmo trajeto) simplesmente passavam por ela com um ligeiro aceno da cabeça e um sorriso. Minha mãe lhe comprava meias elásticas às dúzias, além de manter a carteira de identidade de vovó em nossa casa. Apesar disso, perder as coisas não preocupava minha avó. "Perdemos nossa casa na Rússia, perdemos nossos amigos, perdemos nossos pais. Perdi meu marido. Perdi minha língua natal", ela dizia numa curiosa mistura de russo, iídiche e espanhol. "Perder as coisas não é tão ruim porque você aprende a desfrutar não do que tem, mas do que se recorda. As pessoas deviam se acostumar com a perda."

Acho que é verdade. Talvez exista, em toda a imaginação humana, uma expectativa não declarada de perder o que foi conquistado. Você constrói, é claro, porque deseja ter uma família, uma casa, um negócio. Se puder, cria alguma coisa com sons, cores e palavras. Compõe uma canção, pinta um quadro, escreve um livro. Mas, subjacente a tudo que faz, existe o conhecimento secreto de que todas aquelas coisas algum dia serão varridas: a canção deixará de ser cantada, o quadro desbotará, o livro será consumido pelas chamas até o dia, ainda por vir (como dizia Isaías), em que a beleza substituirá as cinzas.

Mas, para perder, é preciso primeiro encontrar. Se a perda (ou sua possibilidade) é inerente em toda intenção, em toda esperança, então tal intenção, tal esperança, esse desejo de construir alguma coisa que nasce das cinzas é também uma parte de tudo o que perdemos. Embora a história nos tenha ensinado que nada dura para sempre, o impulso de criar diante da iminente destruição, de fincar raízes em terras estrangeiras e reproduzir modelos ancestrais, de montar novas bibliotecas, é um impulso potente e insaciável.

Para todos os três povos da Bíblia, para os três filhos antagônicos de Abraão, a Palavra e o Mundo estão fortemente interligados. A primeira linha do Evangelho segundo São João, "No princípio era o Verbo", aplica-se às três culturas. Elohim (plural de Eloah), o Deus dos judeus que é Uno e Solitário; a Santíssima Trindade dos cristãos, que é tanto Um como Três; o Alá singular dos muçulmanos que fala por meio de seu Profeta — todos criados pela palavra. O mundo, de acordo com essas três crenças, é o sopro ou o enunciado de Deus, que, após a Criação, faz anotações ou comentários por escrito sobre seu texto oral: nas Leis dadas a Moisés, nas palavras de Jesus Cristo transcritas pelos apóstolos, no *Qur'an* revelado a Maomé. (Neste último caso, nenhuma palavra pode ser traduzida nem ter uma única letra mudada, pois para os muçulmanos o Alcorão é um dos atributos do próprio Deus, como sua onipresença e onipotência.)

Nossas linguagens, de acordo com a lenda bíblica, são uma dádiva de Deus (ou punição) feita após a destruição da Torre de Babel, quando Deus estilhaçou a linguagem única falada por toda a humanidade nos milhares de idiomas que falamos hoje. Por isso, uma vez que a linguagem provém de Deus, Ele se revela em todas as palavras que usamos e está por trás de cada afirmação. Em 1890, no velho bairro judeu do Cairo, foi descoberto no depósito selado de uma sinagoga medieval um dos maiores e mais preciosos arquivos antigos, no qual vários tipos de papéis tinham sido acumulados (documentos oficiais, poemas, listas de compras, cartas, ensaios, e por aí vai). Isso por se acreditar que nada que houvesse sido escrito deveria ser destruído ou jogado fora, uma vez que poderia conter, sem que ninguém o soubesse, o nome de Deus. A linguagem dada por Deus implica tanto a liberdade como a restrição de dar nomes, além da proibição de destruir o que não pode ter seu nome pronunciado.

Cada vez que usamos palavras para expressar alguma coisa, simultaneamente fazemos uma declaração de fé no poder da linguagem para recriar e comunicar nossa experiência do mundo, e admitimos nossa incapacidade de descrever tal experiência por completo. A fé na linguagem é, como toda fé verdadeira, inalterada pela prática diária que contradiz suas reivindicações de poder — inalterada embora saibamos que, sempre que tentamos dizer algo, por mais simples que seja, por mais preciso, só uma sombra daquilo viaja de nossa concepção a seu enunciado e, depois de enunciado, até sua recepção e compreensão. Toda vez que dizemos: "Passe o sal", na verdade transmitimos, em essência, nosso pedido; e, em essência, o pedido é compreendido. Mas não é possível que as nuances e os ecos de significado, as conotações individuais e as raízes culturais, pessoais, sociais e simbólicas, emocionais e objetivas, cada um deles e todos eles, viajem com nossas palavras. Por isso, quem nos ouve ou nos lê precisa reconstruir, o melhor que puder, em volta do núcleo ou sob a crosta dessas palavras, o universo de sentido, emoção e significado em que elas nasceram. Platão, que teria concordado com vovó que tudo está sujeito à perda, acreditava que nossa experiência do mundo consistia apenas em sugestões de significado e em sombras nas paredes de uma caverna. Se é assim, o que expressamos com palavras são as sombras das sombras, cada livro confessa a impossibilidade de transmitir por inteiro o que nossa experiência apreende. Todas as nossas bibliotecas são um registro glorioso desse fracasso.

Sexta digressão

Mas há mais. Conforme as Escrituras, Deus não apenas limitou o poder de nossas palavras: outros dos nossos poderes de criação também foram censurados. O segundo mandamento do Decálogo diz: "Não farás para ti imagem esculpida de nada que se assemelhe ao que existe lá em cima nos céus, ou embaixo na terra, ou nas águas que estão debaixo da terra". Embora o mandamento ainda diga "Não te prostrarás diante desses deuses e não os servirás, porque eu, Iahweh teu Deus, sou um Deus ciumento",* é a primeira parte da proibição que desde remotas eras causa problema aos crentes. Será que Deus proibiu somente a criação de imagens a serem objeto de adoração, ou seu mandamento se estende à criação de qualquer imagem, qualquer representação, qualquer tipo de arte em que sejam usadas pedras, cores ou palavras? O Salmo 97 comenta esse

---

* *Bíblia de Jerusalém*. Nova edição, revista e ampliada. 10ª reimp. São Paulo: Paulus, 2015.

mandamento: "Os escravos de ídolos se envergonham, aqueles que se gabam dos vazios".* No século XVIII, o famoso mestre hassídico rabino Nachman de Bratislava explicou a proibição da seguinte maneira: "O ídolo está fadado a vir e cuspir na cara daqueles que o adoram e os envergonhará, para depois curvar-se diante do Santíssimo, abençoado seja Ele, e deixar de existir". O rabino Nachman não se manifestou especificamente sobre os atos de esculpir, pintar e escrever ficção, mas uma condenação dessas atividades está implícita em sua profecia.

Comentaristas rabínicos, assim como naturalmente artistas e escritores, desde então vêm refletindo sobre a questão. De uma perspectiva bíblica, a história da imaginação humana em certa medida pode ser vista como a história do debate sobre essa proibição peculiar. Será a criação uma atividade permissível no âmbito das possibilidades humanas ou estamos condenados a fracassar porque toda arte, por ser humana, e não divina, traz em si seu próprio fracasso? Deus se diz ciumento: será também um artista ciumento? De acordo com um comentário talmúdico citado por Louis Ginzberg em seu livro *Legends of the Jews* [Lendas dos judeus], a serpente disse a Eva no Jardim: "O próprio Deus comeu primeiro o fruto da árvore, e depois criou

* Ibid.

o mundo. Por isso, Ele a proíbe de comer o fruto, para impedir que você crie outros mundos. Pois todos sabem que artesãos da mesma guilda se odeiam". É tentador, a artistas e escritores, acreditar que pertencem à mesma guilda que aquele que os criou e lhes concedeu seus poderes criativos.

Uma das versões mais explícitas desse paradoxo é exemplificada pela lenda do Golem, que acho que pode servir de metáfora com relação à biblioteca. Golem é uma palavra que aparece pela primeira vez no Salmo 139: "Os teus olhos viram o meu golem". Segundo o rabino Eliezer, que escreveu no século I, a palavra *"golem"* significa "massa inarticulada". A lenda do século XVIII sobre o Golem, essa "massa inarticulada", conta que o Maharal de Praga (acrônimo para Morenu Harav Rabbi Laib, "nosso professor rabino Loew") criou um ser feito de barro a fim de proteger os judeus dos pogroms. Na testa dessa criatura, o rabino Loew escreveu a palavra *"emet"*, "verdade", permitindo assim que a criatura vivesse e o ajudasse em seus afazeres diários. Mais tarde, porém, o Golem fugiu ao controle de seu mestre e criou distúrbios no gueto, obrigando o rabino Loew a transformá-lo de novo em pó ao apagar a primeira letra de *emet*, de modo que a palavra passasse a ser lida *"met"*, "morte".

O Golem tem ancestrais de prestígio. Numa passagem talmúdica do Sinédrio, diz-se que no século IV o professor babilônio Rava criou um homem a partir do barro e o mandou ao rabino Zera, que tentou conversar com ele; quando viu que a criatura era incapaz de pronunciar uma só palavra, disse-lhe: "Você pertence à estirpe dos bruxos, volte a ser pó!". Imediatamente a criatura se transformou numa massa informe. Outra passagem explica que, no século III, dois mestres palestinos, os rabinos Haninah e Oshea, com a ajuda do *Sefer Yetzirah*, ou Livro da Criação, davam origem a um novilho na véspera de cada Shabat, cozinhando-o depois como jantar.

Inspirado na lenda do século XVIII do rabino Loew, em 1915 o escritor austríaco Gustav Meyrink publicou *The Golem*, romance fantasioso sobre uma criatura que aparece a cada 33 anos à janela inatingível de um aposento circular e sem portas no gueto de Praga. O romance de Meyrink teve uma repercussão inesperada. Naquele mesmo ano, Jorge Luis Borges, então com dezesseis anos e imobilizado na Suíça com a família, durante a guerra, leu o livro em alemão e ficou encantado com sua atmosfera assombrosa. "Tudo no livro é estranho", ele escreveu mais tarde, "até mesmo os monossílabos no índice: *Prag, Punsh, Nacht, Spuk, Licht…*" Borges viu no *Golem* de Meyrink "uma ficção feita de sonhos que englobam outros sonhos", e permitiu que a fantástica visão do mundo nele expressa formasse as bases de boa parte de sua futura ficção.

Mais de quarenta anos depois, em 1957, Borges incluiu o Golem numa primeira versão do seu *Livro dos seres imaginários*; um ano mais tarde, contou a história do rabino Loew no que veio a ser um de seus mais famosos poemas, publicado inicialmente numa revista de Buenos Aires, *Davar*, no inverno de 1958. Posteriormente, Borges incluiu o poema sobre Golem em sua *Antologia pessoal*, colocando-o antes de um texto curto intitulado "Inferno, I:32", que considera, de diferentes ângulos, a mesma questão existencial relativa aos limites da criação. No poema, o rabino Loew se pergunta por que foi levado a criar aquele "aprendiz de homem" e qual poderia ser o significado de sua criatura; no texto referente ao Inferno de Dante, a pantera que aparece no início do poema e depois o próprio poeta moribundo aprendem e mais tarde esquecem por que foram criados. O "Golem" de Borges termina com a seguinte quadra:

*No momento de angústia e de luz vaga
a seu Golem os olhos dirigia.
Quem nos dirá as coisas que sentia
Deus, ao olhar o seu rabino em Praga?**

---

* Jorge Luis Borges, *Antologia pessoal*. Trad. Davi Arrigucci Jr., Heloisa Jahn e Josely Vianna Baptista. São Paulo: Companhia das Letras, 2008, p. 94.

O tema do Golem perseguiu Borges por muitos anos. Quando ele visitou Israel em 1969, pediu para encontrar-se com um famoso estudioso do misticismo judaico, Gershom Scholem, cujo nome usara no poema "como a única palavra capaz de rimar com Golem em espanhol". A conversa entre os dois, conforme me foi dito, girou em torno da noção judaica da criação permissível. Assim como os antigos comentaristas bíblicos, Borges e Scholem debateram a questão fundamental: a que sucesso pode um artista aspirar? Como pode um escritor alcançar seu propósito quando tudo de que dispõe é a imperfeita ferramenta da linguagem? E, acima de tudo: o que é criado quando um artista se põe a criar? Será que surge um mundo novo e proibido, ou apenas um espelho empanado deste mundo, que é erguido diante de nós para que o contemplemos? Uma obra de arte constitui uma realidade duradoura ou uma mentira imperfeita? É um Golem vivo ou um punhado de pó morto? Como podem os judeus aceitar que, ao mesmo tempo, Deus lhes concedeu a dádiva da criação e os proibiu de usá-la? E, por fim, mesmo que haja respostas a tais perguntas, podemos conhecê-las? Scholem relembrou a Borges a máxima inapelável de Kafka: "Se tivesse sido possível construir a Torre de Babel sem subir nela, isso teria sido permitido".

Jorge Luis Borges morreu em Genebra às 7h47 da manhã de 14 de junho de 1986. Como um favor especial, o Conselho Administrativo da cidade decidiu permitir que ele fosse enterrado no cemitério de Plainpalais, reservado a grandes e famosos suíços, uma vez que Borges com frequência se referira a Genebra como "minha outra terra natal". Em memória às avós de Borges, uma católica e a outra protestante, o serviço foi lido pelo padre Pierre Jacquet e pelo pastor Edouard de Montmollin. A oração do pastor Montmollin se iniciou judiciosamente com a primeira linha do Evangelho segundo São João. "Borges foi um homem que buscou incessantemente a palavra certa, o termo que resumiria o todo, o sentido final das coisas", disse o pastor, explicando a seguir que, como a Bíblia nos ensinou, um homem nunca é capaz de alcançar tal palavra por meio de seus próprios esforços. Como João deixou claro, não somos nós que descobrimos a Palavra, mas a Palavra que chega a nós. O pastor Montmollin resumiu com precisão a crença literária de Borges: a tarefa dos escritores consiste em encontrar as palavras certas para dar nomes ao mundo, sabendo o tempo todo que tais palavras são, como palavras, inalcançáveis. As palavras são nossas únicas ferramentas para emprestar significado e recuperá-lo; e, ao mesmo tempo que nos permitem compreender esse significado, elas nos mostram que ele está precisamente mais além do âmbito das palavras, fora dos limites da linguagem. Os tradutores, talvez mais que quaisquer outros artesãos das palavras, sabem disso: o que quer que construamos com palavras nunca consegue abranger por inteiro o objeto desejado. A Palavra com que tudo se inicia dá nomes, porém nunca pode ser nomeada.

Ao longo da vida, Borges explorou e testou essa verdade. Desde suas primeiras leituras em Buenos Aires até os últimos escritos ditados do leito de morte em Genebra, todo texto, em sua mente, tornou-se uma prova do paradoxo literário de dar nomes sem conseguir com isso dar vida a nada. A partir da adolescência, algo em cada livro que lia parecia lhe escapar, como um monstro rebelde, embora prometendo uma página a mais, uma epifania maior na próxima leitura. E algo em cada página que escrevia o forçava a confessar que o autor não era em última instância senhor de sua própria criação, do seu Golem. Esse nó duplo, a promessa de revelação que cada livro concede a seu leitor e o alerta de fracasso que cada livro faz a seu autor, é aquilo que confere constante fluidez ao ato literário.

Para Borges, essa fluidez dá à *Comédia* de Dante tanto sua riqueza como um elemento de tragédia. Segundo ele, Dante tentou criar um universo de palavras no qual o poeta é o senhor absoluto: um mundo no qual pode gozar o amor de sua adorada Beatrice, conversar com seu querido Virgílio, renovar o contato com amigos ausentes, premiar com um lugar no céu aqueles que julga dignos de recompensa, e vingar-se de seus inimigos condenando-os ao Inferno. A velha máxima *"Nomina sunt consequentia rerum"* (as palavras são o fruto das coisas) pode funcionar nos dois sentidos, como ensinaram os cabalistas ao basear no Gênesis sua crença na história de Adão. Se as palavras existem porque correspondem a coisas existentes, então as coisas podem existir porque há palavras que as nomeiem.

No entanto, na literatura as coisas não funcionam assim. A literatura obedece a regras que se sobrepõem às regras das palavras e às regras da realidade. "Cada obra literária confia a seu escritor a forma que ela está buscando", Borges escreveu no prefácio de seu último livro, *Os conjurados*. "Confia", ele escreveu, quando poderia ter escrito "ordena". Poderia também ter acrescentado que nenhum escritor, nem mesmo Dante, é capaz de cumprir totalmente tal ordem.

Para Borges, a *Comédia*, a mais perfeita das empreitadas literárias humanas, era no entanto uma criação fracassada porque deixou de ser o que o autor tinha como objetivo. A Palavra que dá vida (como perceberam tanto Borges como Dante) não é equivalente à criatura viva que pronuncia a palavra num sopro de ar: a palavra que permanece na página, a palavra que, embora imite a vida, é incapaz de ser a vida. Platão levou Sócrates a criticar a criação de artistas e poetas por essa mesma razão: a arte é imitação, nunca a coisa real. Se o sucesso fosse possível (não é), o universo se tornaria redundante. O máximo a que podemos aspirar é uma epifania inexprimível, como a que recompensa Dante no fim de sua jornada, na qual "a suprema fantasia perde seu poder", e a vontade e o desejo giram como uma roda perfeita impulsionada pelo amor.

Seja devido à imperfeição de nossas ferramentas ou à imperfeição de nós próprios, seja devido ao ciúme de Deus ou à Sua preocupação de que nos entreguemos a tarefas redundantes, a antiga proibição do Decálogo continua a servir como alerta e incitamento. O Golem poeirento e insatisfatório, que ainda assombra nossos sonhos através das sombrias vielas de Praga, é, afinal de contas, o feito máximo a que nossas habilidades podem aspirar: dar vida ao pó e sujeitar a criatura a nossas vontades. Quando o Weizmann Institute em Rehovot, Israel, construiu seu primeiro computador, Gershom Scholem sugeriu que ele se chamasse Golem I.

Nossas criações, nossos Golems ou nossas bibliotecas, na melhor das hipóteses são coisas que sugerem uma aproximação a alguma cópia de nossa embaçada intuição da coisa real, ela própria imitação imperfeita de um arquétipo inefável. Esse feito constitui nossa singular e humilde prerrogativa. A única arte sinônima da realidade (segundo Dante, Borges e os estudiosos talmúdicos) é aquela de Deus. Olhando o caminho para o Éden, esculpido por Deus no Purgatório dos Orgulhosos, Dante diz que "ele não viu melhor do que eu, que vi as cenas na vida real". A realidade de Deus e a representação da realidade por Deus são idênticas. As nossas não.

É por isso que os escritores se veem obrigados a fazer o papel de um pobre Golem, criado imperfeitamente e capaz apenas de imperfeição, criaturas incompetentes gerando por sua vez dúvidas blasfemas sobre a perfeição de Quem os fez. Nesse jogo de espelhos móveis, o Golem defeituoso se torna nossa literatura modesta, defeituosa e abrangente, e a literatura se torna o Golem. Sim, mas um Golem imortal, porque, mesmo quando é apagada a primeira letra em sua testa, e *emet* se transforma em *met*, uma palavra ainda permanece a fim de dar nome a outra coisa inominável: a própria morte, o fim de toda criação.

Os judeus creem que os seres humanos são feitos de tempo, que uma continuidade ritual flui por suas veias remontando aos tempos distantes de Abraão. Talvez seja por essa razão que para os judeus a perda não é vital: o ritmo da vida continua, apesar do desaparecimento de coisas materiais. Os judeus, afinal, são um povo nômade, para quem deixar coisas para trás representa uma experiência cotidiana, para quem o exílio é uma condição de ser, e o fato de se estabelecer em algum lugar significa uma mera parada na fuga do Egito.

Os judeus, como Moisés, estão sempre bem perto da Terra Prometida, mas nunca lá, mesmo depois de terem conquistado o Sião, porque, embora Deus tenha prometido a Moisés uma terra que lhe era destinada, essa terra deve permanecer para sempre inalcançável, como *O Castelo* de Kafka. A maldição do Judeu Errante, que não pode jamais descansar até a Segunda Vinda de Jesus Cristo, é meramente a confirmação de um estado natural de ser entre os judeus: eles devem esperar pela Segunda Vinda porque, no fundo do coração deles, a Primeira Vinda ainda não ocorreu. E, dada a natureza do mundo, não ocorrerá tão cedo.

Este é o paradoxo de todas as nossas artes e ofícios: existir entre esses dois mandatos, como cabalistas ambiciosos mas imperfeitamente dotados. Os judeus vivem sob o jugo de uma injunção imemorial e contraditória: por um lado, não construir coisas que possam levar à idolatria e à complacência; por outro, construir coisas dignas de adoração — rejeitar a tentação da serpente de aspirarem a ser deuses, e também refletir a criação de Deus de volta para ele, em páginas luminosas que evocam seu mundo; aceitar que os limites da criação humana são irremediavelmente distintos da criação ilimitada de Deus, e não obstante esforçar-se continuamente para alcançar aqueles limites a fim de gerar alguma coisa que aspira a uma ordem, ao sonho imperfeito de ordem, a uma biblioteca.

Esse sentimento de viver conforme um modelo do que tentamos reproduzir em palavras e imagens está presente em toda parte, provocando-nos, desafiando--nos a tentar. Por exemplo, meus livros encaixotados evocaram duplos nos lugares onde moro atualmente. Na Broadway, entre as ruas 72 e 74, vendedores exibem nas calçadas pilhas de livros em mesas improvisadas em cavaletes. Todas as vezes que passo por lá, paro e dou uma olhada na lombada dos livros de bolso e dos livros de capa dura, em sua maioria muito surrados. Frequentemente vejo títulos que reconheço, às vezes na mesma edição que eu tinha em minha biblioteca ou tive na longínqua adolescência (e não tenho mais), recordações fantasmagóricas de outros lugares e de outros tempos. Pego o livro, folheio, leio uma frase aqui, outra acolá. Será realmente o mesmo livro que tive em mãos bem longe daqui e em anos distantes? Será que este exemplar é idêntico àquele em que li pela primeira vez a história do príncipe Sidarta contada por Hesse, ou a crônica de Margaret Mead sobre os adolescentes em Samoa? A lenda do duplo diz que um pode reconhecer o outro porque o impostor não projeta nenhuma sombra. Aqui também o *Doppelgänger* do livro que um dia segurei não produz sombras, é algo desprovido de passado. Cada experiência de leitura é peculiar ao lugar e à época em que ocorre, e não pode ser duplicada. Apesar de minhas esperanças, sei que nenhuma biblioteca pode ser totalmente ressuscitada.

Segundo um dos clichês literários mais batidos, o número de tramas imagináveis é imenso porém limitado. Isso se aplica também às bibliotecas? O número de combinações de livros, apesar de incalculavelmente grande, não é infinito. Lewis Carroll, mais de um século e meio atrás, resumiu essa noção atordoante em *Sylvie e Bruno*. "Haverá de chegar o dia", ele escreveu, "em que todos os livros possíveis terão sido escritos. Porque o número de palavras é finito." E acrescentou: "Em vez de perguntar *que livro* deve escrever, um autor deveria se perguntar *qual dos livros* deve escrever". Parecemos condenados à repetição.

Mas será tal repetição decorrente da capacidade débil da mente humana ou de nossas percepções associativas como leitores? "Uma vez que a vida é uma viagem ou uma batalha", observou Raymond Queneau, "toda história é a *Ilíada* ou a *Odisseia*." Será que somos incapazes de conceber uma história totalmente nova, ou reconhecemos em toda história vestígios de nossas leituras prévias? Será que o fato de *As aventuras de Pinóquio* me parecerem repaginação de *As aventuras de Telêmaco* (ambas contam a história de um menino à procura do pai) e o fato de que os novos romances vulgares se parecem com os velhos romances vulgares dependem da escassez de mantimentos em nossa despensa mensal? Ou de nossa capacidade de reconhecer os desenhos de Henry James nos tapetes?

Suspeito que há uma terceira possibilidade. Gostamos da repetição. Quando criança, pedimos que a mesma história seja contada exatamente da mesma maneira, e isso repetidas vezes. Como adultos, embora nos declarando apaixonados por novidades, buscamos os mesmos brinquedos que conhecemos, em particular sob a aparência de engenhocas diferentes, com a idêntica e extraordinária determinação com que elegemos os mesmos políticos sob diferentes disfarces. Chesterton considerou que, nisso, éramos como Deus, que segundo ele exulta na monotonia. "É possível", disse Chesterton, "que Deus diga cada manhã ao sol: 'Faça aquilo de novo'; e cada noite, diga à lua: 'Faça aquilo de novo.'" Sentimos que há conforto na mesmice.

Os antigos não se preocupavam com a originalidade. As histórias contadas por Homero eram desde sempre familiares a seus ouvintes, e Dante podia estar certo de que sua audiência sabia (bem demais) quais os pecados punidos no Inferno e os rumores sobre Paolo e Francesca. As coisas por vir já eram parte de nossa experiência, mesmo se vagamente lembradas ou mal reconhecidas. A história era uma repetição de ciclos, como Giambattista Vico compreendeu. E nós ascendíamos (ou descendíamos) em espirais de tempo e círculos de conhecimento. Como que revisitando lugares bem conhecidos. Não gostamos de ser surpreendidos.

Talvez por isso, em nossa nova era de ansiedade, buscamos consolo ao contar e recontar as mesmas histórias de sempre, porque elas fortalecem nossa esperança de que *plus ça change, plus ça reste tel quel*. Nossos heróis da infância — Super-Homem e Batman, assim como outros homens musculosos e sexualmente atraentes — voltaram para nos ajudar a imaginar que é possível lutar em prol da justiça; e Sherlock Holmes abandonou sua aposentadoria, dedicada à criação de abelhas, para resolver problemas hediondos no século dos vilões eletrônicos e vigaristas financeiros. Shakespeare derivou suas tramas de Boccaccio e Bandello; derivamos as nossas dos filmes de Hollywood.

Haverá na repetição algum risco de estagnação? Acho que não. Inevitavelmente, cada vez que repetimos uma história acrescentamos algo às repetições anteriores. Cada história é um palimpsesto, composto de múltiplas camadas de versões; e, cada vez que pensamos estar papagueando uma historinha bem conhecida, as palavras se desfazem de suas penas e deixam crescer uma nova plumagem para a ocasião. A lei do personagem de Borges chamado Pierre Menard, de que todo texto se torna diferente a cada leitura, pode ser aplicado a toda literatura. Talvez seja esse o lado sombrio do desejo ávido de ler tudo, um desejo que Thomas De Quincey descreveu como "absolutamente infindável e tão inexorável quanto a sepultura".

A constância que buscamos na vida, a repetição de histórias que parecem nos dar a certeza de que tudo continuará como era então e é agora, constitui, como bem sabemos, uma ilusão. Nosso destino (Ovídio vem nos dizendo isso faz séculos) é a mudança; é de nossa natureza mudar, e cada história que contamos e cada história que lemos é como o rio de Heráclito, uma metáfora que (ela também) estamos fadados a repetir. Um poema galês do século VI (que redescobri por acaso folheando um livro do qual me lembrei durante uma daquelas exposições na calçada da Broadway) celebra essa continuidade da mudança.

Fui uma multidão de formas,
Antes de tomar um formato consistente.
Fui uma espada estreita, variegada,
Acreditarei quando for aparente.
Fui um risco no ar,
Fui a mais opaca das estrelas.
Fui uma palavra em meio a letras,
Fui um livro.

É banal dizer que o passado não pode ser vivido de novo, mas, em descobertas como essa, sinto ao mesmo tempo alguma coisa velha e nova. Quer dizer, os dedos que agora folheiam as páginas, enquanto estou de pé na calçada e cercado de pedestres, executam o mesmo gesto feito muito tempo antes numa manhã em que eles não estavam emperrados, cheios de pintas e de nós. Mas agora o gesto se tornou parte de um ritual consciente, encenado cada vez que encontro o mesmo livro com a mesma capa relembrada, atualmente recoberta de camadas de experiência. Um dos aforismos de Kafka: "Leopardos irrompem no templo e bebem até o fim os jarros de sa-

crifício; isso se repete sempre, sem interrupção; finalmente, pode-se contar de antemão com esse ato e ele se
transforma em parte da cerimônia".* Segurar o duplo de
um livro que já foi meu se torna parte de meus novos
rituais de leitura. Então me dou conta de que, ao longo
de toda a vida, abandonei esses rituais e descobri outros
seguidas vezes.

O ritual da ressurreição talvez seja mais frequente do
que concordamos em admitir, e acontece em uma infini-
dade de maneiras. Pouco antes de que eu tomasse a decisão de desmontar e empacotar a biblioteca, abandonando
a França para sempre, o diretor de programação cultural
da Bibliothèque et Archives Nationales du Québec, Nico-
le Vallières, me escreveu dizendo que desejava comemo-
rar o décimo aniversário da instituição com uma mostra
organizada em torno de um dos meus livros, *A biblioteca
à noite*. Aceitei com entusiasmo, mas sugeri que, em vez
de exibir o exemplar impresso e meu manuscrito (que, na
minha opinião, constituiriam uma mostra um pouco en-
fadonha), Vallières pedisse a Robert Lepage que imagi-
nasse um espetáculo baseado no livro. Lepage, um dos
maiores diretores teatrais do mundo, está sempre envol-

* Franz Kafka, "Aforismos reunidos", *serrote*, n. 1, mar. 2009. Tradução de Modesto Carone.

vido em dezenas de empreitadas, porém, para nossa alegria, aceitou e começou a imaginar uma criação interativa sobre o tema das bibliotecas. Eu conhecia Lepage desde que ele produzira suas primeiras peças em Toronto em meados da década de 1980, tendo seguido de perto muito do seu trabalho desde então, mas nunca tinha imaginado poder colaborar com ele num projeto. O resultado (inteiramente criado por Lepage) foi inaugurado em 27 de outubro de 2015 e se revelou milagroso.

O público descia para um dos salões de exposição da biblioteca e, em pequenos grupos, era levado a um aposento que reproduzia de forma imaginativa minha biblioteca perdida na França. Após ouvir uma curta meditação sobre a natureza das bibliotecas, os visitantes recebiam óculos de 3-D e seguiam para outro espaço, mais amplo e com bétulas altas plantadas, caminhando sobre um carpete de folhas soltas (aparentemente arrancadas dos meus livros) e chegando a mesas compridas onde eram convidados a sentar-se. Ao pôr os óculos, viam símbolos diferentes que lhes permitiam escolher uma de várias bibliotecas famosas para visitar: a Abadia de Admont, na Áustria; a Biblioteca de Alexandria; a Biblioteca do Congresso em Washington, D.C.; a Biblioteca Real da Dinamarca em Copenhague; a Biblioteca Vasconcelos na Cidade do México; a Biblioteca Nacional da Bosnia e Herzegovina, em Sarajevo, a Biblioteca do

Parlamento, em Ottawa, a Biblioteca Sainte Geneviève, em Paris, a biblioteca do templo de Hase-dera no Japão e (porque as bibliotecas imaginárias têm seu lugar legítimo no mundo) a biblioteca do capitão Nemo instalada no *Nautilus*. Era alucinatória a experiência de visitar essas bibliotecas graças à mágica dos óculos de 3-D. As pessoas perdiam a sensação do corpo, do chão abaixo dos pés, dos outros visitantes, e acreditavam estar de fato num daqueles recintos veneráveis, cercadas de milhares de livros preciosos e alguns leitores fantasmagóricos. Mas, para mim, foi o primeiro espaço que tocou mais fundo. Após dizer adeus à casa em que tinha vivido por tanto tempo e encaixotado meus livros, sem saber quando voltaria a vê-los, fiquei emocionado com a visão das estantes reconstituídas, as paredes de pedra e as pequenas janelas com gotas de chuva, como se estivesse diante do fantasma de um querido amigo morto. Senti que a biblioteca que havia perdido se transformara em outra, o símbolo agora compartilhado de algo que eu só podia entender vagamente, mas sabia ser real. O deus Proteus conseguia mudar sua forma até que alguém o pegasse e o mantivesse imobilizado, quando então permitia que o vissem como de fato era, como uma mistura de todas as metamorfoses. O mesmo aconteceu com minha biblioteca. Ela se transformou e se dissolveu, sendo montada de novo e mais uma vez perdida, até o momento em que sua personalidade imaginada foi evocada perante mim. Então deixou de ser uma esperança, um palpite corajoso, um lugar material, para se tornar, graças a Lepage, uma convicção surpreendente, uma epifania.

Para mim, essa experiência teve semelhanças com o que sinto em sonhos. Há muitos anos venho tendo um sonho recorrente. Estou numa biblioteca debilmente iluminada por abajures verdes e um teto com pé-direito tão alto que as vigas de madeira são quase invisíveis; caminho sem cessar pelos corredores ladeados de livros, imaginando que volumes são aqueles cujas lombadas mal consigo distinguir. Eu me dou conta de que aqueles livros imaginados são um sonho dentro do sonho, e começo a reconstruir em minha mente os textos que penso ter lido, ou quero um dia ler, ou li e esqueci. Relembro uma passagem de um dos cadernos de nota de Nathaniel Hawthorne. Certo dia, em 1842, Hawthorne, aos 38 anos, registrou: "Descrever um sonho de uma forma que se assemelhe ao curso verdadeiro de um sonho, com todas as suas inconsistências, excentricidades e falta de propósito — embora com uma ideia básica que perpassa toda a experiência. Até esta provecta idade do mundo, nada assim foi escrito".

Sétima digressão

Desde o primeiro sonho de Gilgamesh, 4 mil anos atrás, até nossos tempos, a observação de Hawthorne demonstra ser correta. Algo no relato de um sonho, por mais expressivo e mais verdadeiro que seja, carece da verossimilhança peculiar de um sonho, de seu vocabulário e textura especiais, de sua identidade ímpar.

É possível que Hawthorne, tendo ele próprio relatado sonhos notáveis, estivesse apontando para algo mais que a inefabilidade dos sonhos, alguma coisa a ver com a natureza da linguagem e da forma como se contam as histórias. Como aprendemos às nossas custas, a linguagem é sempre uma aproximação, jamais exprime completamente o que quer que deseje dizer. Ao dar nome a uma coisa ou uma condição, ao descrever um lugar ou um acontecimento, o autor usa a linguagem a fim de construir um conjunto de imagens verbais com base em alguns poucos fragmentos escolhidos de uma realidade percebida ou que imagina ter percebido, reconhecendo o tempo todo a incapacidade de englobar a totalidade em todas as suas fugidias dimensões. E, no entanto, para engajar o leitor num contrato mútuo de fé, o escritor precisa fingir que a realidade retratada em palavras é factualmente precisa e coerente. Tão enraizado é esse procedimento que um escritor com frequência tenta ocultar a suposta precisão com truques retóricos: por exemplo, não revelando tudo ("Numa aldeia da Mancha, de cujo nome não quero me lembrar") ou fingindo não revelar tudo ("Me chame de Ismael").

Mas, no caso dos sonhos, tais artifícios são ineficazes. Sonhos de verdade não pressupõem a segurança onipotente da vida real. Os sonhos não implicam, como ocorre com a vida real, um estado de coisas demonstrável e tangível que exigiria apenas um tempo infinito e sentidos infalíveis para que os percebêssemos por inteiro. Os sonhos admitem humildemente sua condição imperfeita, sua natureza caleidoscópica, mutável, passageira. Hawthorne afirma discernir nos sonhos "uma ideia básica que perpassa toda a experiência", como a espinha dorsal de uma narrativa, porém nisso ele pode estar apenas se mostrando otimista. Com demasiada frequência, os sonhos se desenrolam em fragmentos desconectados, como as páginas espalhadas do livro universal que Dante viu reunidas na inefável visão final. A psicanálise nos ensina que nossa psique aprende a ler uma narrativa nessa aleatoriedade, mas o fato é que somos capazes de ler narrativas em qualquer coisa, mesmo num cosmos absurdo. Afinal de contas, talvez a melhor descrição para nossa espécie seja algo como "composta de animais que leem".

Entretanto, caso admitamos que a vida real (que com bastante êxito retratamos em nossas histórias) também tem sua própria incoerência, então o relato de sonhos pode ser visto simplesmente como outra maneira de contar histórias, nem mais nem menos precisa que um romance realista. A astrofísica usa fórmulas matemáticas para descobrir as regras que regem o universo, leis comuns às coisas grandes e pequenas, embora admita simultaneamente que os modelos do universo produzidos por tais fórmulas se situam mais além de nossa capacidade de representação. Stephen Hawking, por exemplo, confessou que as teorias que desenvolveu a fim de explicar certos mistérios cósmicos presumem um modelo do universo que ele próprio não consegue visualizar. Se é assim, se fórmulas matemáticas manejáveis servem para pôr em ordem o que não pode ser imaginado concretamente, então por que não permitir que nossas capacidades de representação construam modelos do mundo que simbolizem nossa experiência do mundo, admitindo simultaneamente que o mundo se recusa a ser retratado ou descrito em palavras.

Alice, cuja experiência dos sonhos é uma das mais profundas e mais convincentes em toda a literatura, está pronta para admitir que as palavras não podem ser usadas para dar nome à pluralidade infinita do mundo. Quando Humpty Dumpty lhe diz que usa a palavra "glória" com o significado de "um demolidor argumento para você", Alice objeta, dizendo que glória não significa "demolidor argumento". "Quando eu uso uma palavra", diz Humpty Dumpty em tom de grande desdém, "ela significa exatamente o que eu quero que ela signifique, nem mais nem menos." "A questão é", Alice retruca, "é se pode fazer as palavras significarem tantas coisas diferentes." "A questão é", responde Humpty Dumpty, "saber quem vai mandar, só isso."* Sem dúvida, a tarefa do escritor consiste em adotar a fé de Humpty Dumpty nos poderes da linguagem, e ser quem manda ao mesmo tempo que convence Alice de que se submete às regras de uma compreensão compartilhada, regras sobre as quais as próprias palavras mantêm o domínio. Obviamente, tanto Humpty Dumpty como Alice, o escritor e a leitora, sabem, de forma mais ou menos consciente, que isso é tudo um faz de conta ao qual devemos nos resignar para que a literatura possa existir.

Entretanto, do mesmo modo que não podemos construir fiel e deliberadamente um sonho enquanto dormimos, despertos somos incapazes de expressar em palavras a complexidade do universo. Para evitar ou

* Lewis Carroll, op. cit.

contornar tal incompetência, um sonho literário, a história de um sonho, deve ser organizado de maneira diferente, obrigado a assumir outros objetivos, parecer menos desejoso de reproduzir um sonho verdadeiro do que corresponder a alguma coisa chamada de "sonho" na lógica e no tom da narrativa. Talvez o único sucesso a que o escritor possa aspirar ao contar sonhos seja fazer o leitor acreditar que os personagens, eles sim, creem que o sonho é um sonho. Não importa se nós, como leitores (para usar três exemplos bíblicos), saibamos que os sonhos que José, filho de Jacó, conta a seus irmãos têm um sentido profético, ou que os sonhos que Nabucodonosor conta a Daniel são alegóricos, ou que o sonho de José sobre a gravidez de Maria tenha cunho explicativo: cada um desses sonhos funciona na narrativa que os contém, é justificado por ela e a ilumina.

Às vezes a história apenas finge ser um sonho. Aceitamos, sem estarmos de todo convencidos, que *O peregrino*, de Bunyan, é a história de um sonho, ou que as aventuras de Dorothy em Oz são um sonho. Esse método de emoldurar a narrativa com um sonho serve como uma espécie de desculpa ao escritor, capaz assim de argumentar que, por se tratar de um sonho, tudo o que acontece nele é possível. Todavia, em vez de acrescentar verossimilhança à história, esses recursos tornam o leitor consciente de como mesmo as tentativas de refletir a incoerência de um sonho devem obedecer a rígidas leis de lógica ficcional. Podem acontecer coisas que, num relato realista, talvez fossem impossíveis, mas até as coisas impossíveis precisam seguir regras de causa e efeito. Após fugir de casa, Christian pode chegar em qualquer país e, depois de ser levada pelo tornado, Dorothy pode aterrissar em qualquer lugar do mundo, porém, em ambos os casos, tem de ser em algum local e esse local deve constar de um mapa para orientar os leitores. Os surrealistas, como sabemos, tentaram fazer, deliberadamente, algumas narrativas incoerentes dos sonhos, mas as lemos mais como exibições de destreza verbal do que como exemplos de sonhos reais.

Às vezes, a história contém um sonho apenas para questionar melhor a natureza do que chamamos de realidade, como na famosa história de Zhuangzi e a borboleta: "Zhuangzi sonhou que ele era uma borboleta e, ao acordar, não sabia se era um homem que havia sonhado ser uma borboleta ou uma borboleta agora sonhando ser um homem". Mais cedo, Sócrates fizera a mesma pergunta a um de seus perplexos discípulos: "Como pode você determinar se, neste momento, estamos dormindo e todos os nossos pensamentos são sonhos, ou se estamos acordados e conversando?". Alice defronta-se com um enigma ainda mais terrível no bosque de Tweedledee e Tweedledum, onde o Rei Vermelho está dormindo ao pé de uma árvore e (segundo Tweedledee) sonhando com ela. "'Se o Rei acordasse', acrescentou Tweedledum, 'você sumiria… puf!… exatamente como uma vela!'"* O escritor italiano Giovanni Papini tomou por empréstimo o mesmo conceito em seu conto "A última visita do cavalheiro doente". No livro *A vida é sonho*, de Calderón, Segismundo não sabe como distinguir entre a vida quando acordado e a vida nos sonhos, embora sua audiência saiba, e Segismundo precisa esperar que a dura realidade lhe ensine a diferença. As dúvidas de Hamlet são as mesmas de Segismundo, porém expressas ao contrário: são os pesadelos que levam Hamlet a saber que não está confinado numa casca de noz, imaginando-se o rei de um espaço infinito.

A aparente confusão entre a realidade dos sonhos e a realidade da vida quando o indivíduo está acordado (bem como a confusão entre a loucura e os sonhos que Sócrates notou no mesmo diálogo) permite que os autores usem os sonhos para pôr em dúvida a realidade, sem precisar tentar uma imitação impossível de um estado onírico. O brilhante romancista romeno Norman Manea, em *O retorno do Hooligan*, registra um sonho em que o protagonista autobiográfico, exilado em Nova York, descobre que todos nas ruas — motoristas de táxi,

* Lewis Carroll, op. cit.

transeuntes, policiais — falam sua língua natal. O sonho emprestou à realidade do exilado a qualidade do paraíso perdido. Graças ao fato de que o paraíso, assim como os sonhos, é sempre concebido como irremediavelmente perdido ou desejado sem ser correspondido, as descrições literárias do paraíso e dos sonhos compartilham uma aguda percepção daquilo que é verdadeiro e, no entanto, impossível. Num de seus cadernos de notas não publicados, Coleridge escreveu: "Se um homem pudesse passar pelo Paraíso em sonho e recebesse uma flor como testemunho de que sua alma realmente lá esteve, e se encontrasse a flor em sua mão ao despertar... Ora bolas!, e então?". A pergunta é tão irrespondível, mistura tão bem a realidade dos sonhos e a realidade da vida quando o indivíduo está acordado, que H. G. Wells, a fim de dar verossimilhança à fantasia de pesadelo de seu livro *A máquina do tempo*, tomou emprestada a suposição perturbadora de Coleridge e concluiu sua história exatamente com tal flor.

Na literatura, os sonhos servem com frequência para trazer o impossível para o tecido da vida cotidiana, como a névoa que penetra por uma fenda na parede. Infelizmente, também ocorre com frequência que os sonhos sejam introduzidos como álibi numa trama pouco crível, e o truque fracassa devido à inépcia do escritor. Um bom número de histórias sobrenaturais conclui com essa saída esfarrapada: "Era tudo um sonho!". No melhor dos casos, o leitor simplesmente não fica convencido; no pior, a conclusão dilui qualquer poder que a história possa ter tido. Kafka reverteu o procedimento com grande efeito: não é o sonho, e sim a vida real que comprova ser o pesadelo de Gregor quando ele acorda de sonhos perturbadores para se ver transformado em inseto monstruoso. Dostoiévski usou um método diferente: a fim de dar à sua história um sentimento de angústia e mal-estar, fez um dos personagens de *Os demônios* contar à sua amada um sonho que tem um quê do Inferno: "Na noite passada sonhei que você me levou a um lugar onde havia uma aranha do tamanho de um homem, e passamos o resto da nossa vida olhando-a, aterrorizados".

O Inferno, contudo, não é um local propício aos sonhos: Dante sai da "selva escura"* muito sonolento e, ao chegar ao Inferno, desmaia ou cochila, mas não sonha. O Purgatório é diferente. Nele, Dante tem três sonhos. Próximo à Porta do Purgatório, naquela hora em que "nossa mente, mais como um peregrino que abandona a carne e menos aprisionada aos pensamentos, é quase divina em sua visão", Dante tem um sonho. É carregado, como Ganímedes, por uma águia que o leva rumo ao Sol, onde ambos explodem em chamas.

* Dante Alighieri, *A divina comédia — Inferno*. Trad. e notas de Italo Eugenio Mauro. São Paulo: Ed. 34, 1998, p. 25.

Dante então acorda para descobrir que de fato foi carregado, não por uma águia, mas por santa Lúcia, sua protetora. O sonho lhe disse o que de fato aconteceu. Mais tarde, quando a manhã se aproxima na Cornija dos Preguiçosos, Dante cai no sono e sonha com uma mulher, "gaga era e vesga e, sobre os pés, contorta,/ mãos decepadas, rosto languescente". Ela começa a cantar e diz que é "a sereia que no mar/ enfeitiçados marujos desvio", e Dante não consegue tirar os olhos dela. Ao acordar, Virgílio lhe diz que ela é a "maga antiga"* que trouxe sofrimento ao mundo e que ele precisa aprender a se libertar dela. Finalmente, depois de atravessar o Muro de Fogo e não longe do Jardim do Éden, Dante mais uma vez, ao raiar do dia, tem seu terceiro sonho. Uma moça está cantando enquanto colhe flores. Diz que se chama Lia e é irmã de Raquel, que "nunca se afasta/ do espelho seu; sentada, todo o dia".** Com isso, Dante acorda. Todos os três sonhos são obviamente alegóricos, mas também são sonhos dentro do sonho maior de toda a *Comédia*. São propositadamente artificiais. Quase nada têm das nuances psicológicas e dos detalhes tangíveis do relato da viagem

* Dante Alighieri, *A divina comédia — Purgatório*. Trad. e notas de Italo Eugenio Mauro. São Paulo: Ed. 34, 1998, pp. 123-5.
** Ibid., p. 180.

de Dante. Revelam-se como contrapontos à realidade do resto da apaixonante fantasia, para acentuar os "não falsos enganos" com coisas que "falsa razão,/ que dá motivo pra suspeita".* Os sonhos literários, para Dante, são o contrário dos relatos ficcionais: não devem tentar ser convincentes exceto como fantasias, nem serem críveis, exceto como fábulas. Sonhar, para Dante, é o equivalente a ler histórias.

Talvez aqui esteja uma pista para os vínculos entre os sonhos da vida real e os sonhos na literatura. Dante, presumimos, empreendeu sua grande viagem pelos três reinos do Além e retornou antes de escrever o poema por meio do qual nós também podemos fazer a mesma viagem. Devido à intensidade do poema, é provável que esqueçamos que, em nosso caminho ao longo da *Comédia*, estamos seguindo as pegadas de Dante, uma segunda passagem, por assim dizer, em cima da primeira, uma transcrição imperfeita porque muito do que Dante experimentou e viu está situado além do alcance das palavras. Assim temos a *Comédia* como uma tradução ou uma longa metáfora da experiência original, uma "transferência para outro lugar", que é o significado etimológico tanto de tradução como de metáfora.

Mas qual é essa "experiência original"? Borges observou que é inexato caracterizar o poema de Dante

---

* Ibid., pp. 103 e 144.

como uma visão, porque uma visão é uma revelação repentina, totalmente realizada no instante da percepção, e a *Comédia* se estende pelos cem cantos numa progressão de aprendizado e experiência. Em vez de uma visão, a viagem de Dante tem a qualidade de um sonho. E, no entanto, o que lemos — a crônica da viagem — é trabalhado com todo cuidado, detalhado demais para refletir um estado onírico. Se o original é um sonho, então o poema é o recontar aperfeiçoado de tal sonho, e tanto a narrativa meticulosa como os espaços de inefabilidade são inteiramente justificados, até mesmo exigidos, numa narrativa que aspira a ser e de fato consegue ser de todo crível. Essa é a verdade declarada por Dante quando, antes de descrever a aparição do monstro da fraude, Gerião, ele nos diz que jura pela verdade dos versos que estamos lendo. Somos apanhados nessa vertiginosa espiral ao chegar ao centro do Inferno: o sonho da viagem é verdadeiro porque o relato do sonho da viagem é verdadeiro — a ficção das palavras sustentando a ficção dos sonhos da razão.

Alguns dias após ter escrito em seu caderno de notas sobre a impossibilidade de narrar sonhos, Hawthorne fez outra entrada: "Um sonho, na noite passada, de que o mundo se tornou insatisfeito com a forma imprecisa como os fatos são reportados, e de que havia me contratado, por um salário de mil dólares, para relatar as coisas de importância pública exatamente como acontecem". Sem dúvida, Hawthorne estava consciente do maravilhoso paradoxo de ter um sonho — estado que antes descrevera como impossível de ser relatado com precisão — ao ser contratado para reportar eventos "exatamente como acontecem" — e por um salário de nada menos de mil dólares, uma enorme soma em meados do século XIX. Talvez essa fosse a maneira de Hawthorne (ou a maneira de seus sonhos) admitir a verdade sobre o ofício dos escritores: que ele consiste numa compulsão mórbida para inventar histórias a fim de reconhecer nossa condição humana — e isso apesar de saber que seus instrumentos não são confiáveis, sua percepção das coisas é nebulosa e sua compreensão do mundo é confusa, além de sua dependência com relação à boa vontade dos leitores ser frequentemente injustificada. No décimo nono livro da *Odisseia*, Penélope fala de sonhos e diz que eles penetram por dois portões: um feito de marfim polido, para os sonhos que nos enganam, e um de chifre reluzente, para os sonhos que nos contam a verdade. Quem sabe os escritores devem contentar-se em usar apenas o portão de marfim para relatar seus sonhos, de fato sonhados ou inventados, embora sabendo que seu ofício consiste em contar mentiras. Só que as mentiras contadas pelos escritores não são inverdades; elas simplesmente não são reais. Nas palavras de Dante, "não falsos enganos". A distinção é importante.

Desde que aprendi o alfabeto, a complicada arte de distinguir inverdades de fato e "não falsos enganos" me foi ensinada primeiramente por meio de palavras. Mais tarde, quando conheci as experiências materiais de mentir e de inventar coisas, descobri que eu tinha palavras para dar nome a ambas. As palavras são nosso guia (ainda que precário) para separar o que é traição do que é verdade.

Talvez por isso uma das minhas partes favoritas da biblioteca (agora numa caixa cuidadosamente rotulada) é a que exibia os dicionários. Para minha geração (nasci na primeira metade do século XX), os dicionários eram importantes. Nossos antepassados valorizavam muito sua Bíblia, ou as obras completas de Shakespeare, ou o livro de culinária de Betty Crocker, ou os seis volumes do *Lagarde et Michard*. Para as gerações deste terceiro milênio, o objeto querido pode não ser um livro — quem sabe um nostálgico Gameboy ou um celular. No entanto, para muitos leitores da minha idade, Petit Robert, Collins, Sopena e Webster's eram os nomes dos anjos da guarda de nossas bibliotecas. O meu, quando eu cursava o ginásio, era a edição em espanhol do *Petit Larousse Illustré*, com sua seção de frases estrangeiras separando os substantivos comuns dos nomes próprios.

Na minha juventude, para aqueles de nós que gostavam de ler, o dicionário era um objeto mágico, de poderes misteriosos. Em primeiro lugar, porque nos era dito que ali, naquele volume grosso mas pequeno, estava quase toda a nossa linguagem comum, que entre as capas pardacentas se encontravam as palavras que davam nome a tudo o que conhecíamos no mundo e também a tudo no mundo que não conhecíamos, que o dicionário continha o passado (todas aquelas palavras faladas por nossos avós e bisavós, balbuciadas no escuro, que nós não usávamos mais) e o futuro (palavras que designavam aquilo que algum dia poderíamos querer dizer quando uma nova experiência assim exigisse). Em segundo lugar, porque o dicionário, como uma sibila benevolente, respondia a todas as nossas perguntas quando esbarrávamos em palavras difíceis numa história (muito embora, como a professora de Helen Keller se queixa em *O milagre de Anne Sullivan*: "Qual é a utilidade de um dicionário se você tem que saber como ela é soletrada antes de descobrir como soletrá-la?").

Na escola, nos ensinaram a ser curiosos. Sempre que perguntávamos a um professor o que algo significava, ele nos dizia para "olhar no dicionário". Nunca entendemos isso como punição. Pelo contrário, com tal ordem recebíamos as chaves para uma caverna mágica em que uma palavra levaria sem a menor lógica (exceto uma razão alfabética arbitrária) à seguinte. Por exemplo, procurávamos *poudroie* depois de ler em *Barba Azul*: "*Je ne vois rien que le Soleil qui poudroie, et l'herbe qui verdoie*" (só vejo o sol que faz brilhar a poeira e o capim verde reluzente), e descobríamos não apenas o sentido em que Charles Perrault usou a palavra, mas também que no Canadá (nome que para mim nada mais era que uma grande forma rosa no mapa) *poudroyer* queria dizer "*être chassée par le vent (souvent en rafales) en parlant de la neige*", referindo-se à neve varrida pelo vento (frequentemente em rajadas). E, mais abaixo na mesma página, o estranho termo *poudrin* era "*pluie fine et glacée, à Terre-Neuve*" (na Terra Nova, chuva fina e gelada). Várias décadas depois, apanhado numa forte chuva gélida em Saint John's, na Terra Nova, descobri que eu tinha a palavra que dava nome àquela experiência. Aby Warburg, um grande leitor, definiu para todos nós o que chamou de "lei do bom vizinho" de uma biblioteca. Segundo Warburg, o livro com que estávamos familiarizados não era, na maioria dos casos, o livro do qual necessitávamos. Era o vizinho desconhecido na mesma estante que continha a informação vital. O mesmo pode ser dito das palavras num dicionário. Na era eletrônica, contudo, um dicionário virtual talvez ofereça menos chances de descobertas feitas por acaso ou pelo tipo de distração feliz de que tanto se orgulhava Émile Littré: "Muitas vezes, ao procurar determinada palavra, acontecia de eu ficar tão interessado que continuava a ler a definição seguinte, e mais outra, como se tivesse em mãos um livro comum".

Essas propriedades mágicas eram provavelmente insuspeitadas naquela tarde quente, quase 3 mil anos atrás, quando em algum lugar da Mesopotâmia um antepassado inspirado e anônimo arranhou num pedaço de barro uma breve lista de palavras acádias e seus significados, criando assim o que deve ter sido, para todos os efeitos e propósitos, um dicionário. Para termos um dicionário semelhante aos atuais, tivemos de esperar até o século I, quando Pânfilo de Alexandria produziu o primeiro léxico grego em ordem alfabética. Terá Pânfilo intuído que, entre seus descendentes, haveria enxames de ilustres lexicólogos labutando em idiomas ainda nem nascidos?

Sebastián de Covarrubias na Espanha, Littré na França, dr. Johnson na Inglaterra e Noah Webster nos Estados Unidos: tais nomes se tornaram sinônimos de suas criações eruditas. Falamos hoje em pegar um *Langenscheidt* ou um *Sopena*, ou de consultar um *calepin*, depois que o italiano Ambrogio Calepino produziu, em 1502, um gigantesco dicionário multilíngue digno da Epifania. Lembro-me de que certa vez, na casa de um amigo em Gaspé, no Canadá francês, debatíamos se a palavra *névé* (que aparece num romance de Erckmann-Chatrian e significa "*un amas de neige durci*", um pedaço de neve endurecida) tinha origem em Quebec. Meu amigo pediu em voz alta para sua mulher: "*Chérie*, traga o *Bélisle* à mesa!", como se convidasse o próprio erudito Louis-Alexandre Bélisle, autor do *Dictionnaire général de la langue française au Canada*, para participar de nosso jantar. Creio que essa familiaridade diz algo importante sobre a natureza da relação de um leitor com os dicionários.

Oitava digressão

Os dicionaristas são criaturas surpreendentes, que, acima de tudo, sentem prazer nas palavras. Apesar da definição do dr. Samuel Johnson de que um lexicólogo é um "chato inofensivo", eles são notavelmente obsessivos e não se importam com sutilezas sociais no que se refere à sua tarefa fundamental. Veja-se o caso de James Murray, principal editor do grande *Oxford English Dictionary*, que durante muitos anos recebeu milhares de notas sobre os primeiros usos de palavras inglesas enviadas por um cirurgião norte-americano que vivia na Inglaterra e com quem ele jamais se encontrara, até descobrir, com esplêndida indiferença, que seu colaborador, além de talentoso pesquisador, era também um assassino clinicamente insano que residia no manicômio judiciário de Broadmoor. Veja-se o caso de Noah Webster, que foi apanhado por sua esposa nos braços da empregada doméstica. "Dr. Webster", ela exclamou, "estou surpresa." "Não, minha senhora", ele a corrigiu, "eu é que fico surpreendido de sabê-la surpresa." Veja-se o caso de Thomas Cooper, o estudioso do século VI que compilou por muitos anos um importante dicionário latim-inglês. Quando estava na metade do trabalho, sua esposa, furiosa por ele sempre ficar acordado até altas horas da noite, entrou sub-repticiamente em seu escritório, recolheu todas as anotações e as jogou no fogo. "Apesar de tudo", reportou o mexeriqueiro historiador John Aubrey, "nosso bom homem tinha tanto zelo pelo progresso do conhecimento que começou do zero e alcançou a perfeição ao nos deixar uma obra tão útil." Aubrey conclui com admiração: "Ele foi feito bispo de Winton".

Os leitores de dicionários são igualmente devotados. Flaubert, um grande leitor de dicionários, notou zombeteiramente em seu *Dictionnaire des idées reçues*: "Dicionário, diga: 'Só sirvo para os ignorantes'". Gabriel García Márquez, enquanto escrevia *Cem anos de solidão*, começava cada dia lendo o *Diccionario de la Real Academia Española* — "e cada nova edição dele", comentou o crítico argentino Paul Groussac, "nos faz sentir nostalgia da anterior". Ralph Waldo Emerson lia o dicionário por prazer literário: "Nele não há conversa fiada", disse ele, "nenhuma explicação excessiva, e está repleto de sugestões, matéria-prima para possíveis poemas e histórias". Vladimir Nabokov encontrou em Cambridge uma edição de segunda mão dos quatro volumes da obra *Explanatory Dictionary of the Living Great Russian Language*, de Vladimir Dahl, e decidiu ler dez páginas por dia, uma vez que, longe do país natal, "tornou-se positivamente mórbido meu medo de perder ou corromper por influência estrangeira a única coisa que consegui trazer da Rússia — sua língua".

Como Nabokov compreendeu, a linguagem que utilizamos não é apenas um instrumento — embora frágil, inexato, traiçoeiro — para nos comunicarmos da melhor maneira possível com outrem. À diferença de outros instrumentos, a linguagem que falamos nos define. Nossos pensamentos, nossa ética, nossa estética — até certo ponto, tudo o que somos é definido por nossa linguagem. Cada linguagem particular provoca ou permite uma certa forma de pensar, evoca certos pensamentos específicos que nos vêm à mente não só por intermédio da linguagem que chamamos de nossa, e sim por causa dela. Todo tradutor sabe que passar de uma língua para outra é menos um ato de reconstrução que de conversão, no sentido mais profundo de adotar uma nova fé. Nenhum autor francês se sairia com um "*Être ou ne pas être*" (Ser ou não ser) para "*To be or not to be*", assim como um autor inglês jamais escreveria "*For a long time I went to bed early*" (Faz muito tempo que vou para cama cedo) para significar "*Longtemps, je me suis couché de bonne heure*". Suas linguagens, não suas experiências, impedem-no porque, embora a experiência humana seja universalmente a mesma, depois de Babel as palavras que temos para dar nome a essa experiência comum são diferentes. Afinal de contas, a identidade das coisas depende de como as designamos.

Trata-se de uma história muito antiga. Após criar Adão "do pó da terra" e o pôr no Jardim do Éden (como nos diz o segundo capítulo do Gênesis), Deus passou a criar todos os animais do campo e todas as aves do céu, levando-os a Adão para ver como ele os chamaria, pois "cada qual devia levar o nome que o homem lhe desse".* Durante séculos, os estudiosos têm se intrigado com a curiosa tarefa que Deus impôs a Adão. Teria Adão supostamente de inventar nomes para as criaturas sem nome que viu? Ou os animais e as aves que Deus criou na verdade tinham nomes dados por Deus e que Adão devia conhecer, cabendo-lhe pronunciá-los como uma criança que vê pela primeira vez um cachorro ou uma pomba?

Na tradição judaico-cristã, as palavras são o começo de tudo. De acordo com os comentaristas talmúdicos, 2 mil anos antes da criação do céu e da terra, Deus deu vida a sete coisas essenciais: seu trono divino, o Paraíso à direita, o Inferno à esquerda, o santuário celeste à frente, uma joia com o nome do Messias nela gravado, uma voz que bradava da escuridão "Voltai, filhos dos homens!", e a Torá, escrito em letras ne-

* *Bíblia de Jerusalém*, op. cit.

gras de fogo sobre um solo branco de fogo. A Torá foi o primeiro dos sete porque Deus o consultou antes de criar o mundo. Com certa relutância, uma vez que temia a pecaminosidade das criaturas que o povoariam, a Torá consentiu com a criação do mundo. Tomando conhecimento do propósito divino, as letras do alfabeto desceram da coroa augusta de Deus, na qual tinham sido escritas com pluma de fogo, e uma por uma disseram a Deus: "Criai o mundo através de mim! Criai o mundo através de mim!". Das 26 letras, Deus escolheu *bet*, a primeira letra da palavra bendito, e foi assim que, através de *bet*, o mundo surgiu. Os comentaristas observam que a única letra que não se ofereceu foi a modesta *aleph*; a fim de compensar sua humildade, Deus mais tarde deu a *aleph* o primeiro lugar no alfabeto. Dessa antiga convicção deriva a metáfora de Deus como autor e o mundo como um livro: um livro que tentamos ler e no qual também estamos escritos.

As letras mágicas, capazes de gerar palavras que ao serem pronunciadas representam tudo o que é sabido, tornaram-se a herança privilegiada de Adão e, mesmo após a expulsão do Éden, essa dádiva, como provam nossas bibliotecas, não lhe foi arrebatada. Adão e seus filhos continuaram a tarefa de dar nomes — seja como criadores ou solucionadores de enigmas, seja como autores ou leitores — com base na sólida crença de que tudo no mundo é o nome que lhe damos. Assim (e até mesmo o autor divino parece tê-lo atestado), junto ao livro do mundo deveria haver outro volume, um livro relacionando os nomes que Adão e seus descendentes deram às coisas no mundo. E, embora o mundo, com todo seu mistério, possa dispensar um método claro de dar significado à sua loucura, um livro com as palavras do mundo, um dicionário, exige exatamente tal organização. O alfabeto, inventado (ao que tudo indica) pelos egípcios aproximadamente em 2000 a.C., serve a esse propósito de forma perfeita.

Um quarto da população mundial usa a escrita não alfabética. China e Japão, por exemplo, têm outros métodos para montar seus dicionários. Os chineses desenvolveram três sistemas lexicográficos: por categorias semânticas, por componentes gráficos e por pronúncia. O primeiro dicionário chinês de que temos notícia foi composto no século III com o modesto título de *Aproximando-se da correção*, e continha listas de sinônimos dispostos em dezenove categorias semânticas, como "Explicando árvores" e "Explicando insetos". A inconveniência óbvia é que o usuário precisava saber o significado da palavra antes de ser capaz de encontrá-la em seu grupo semântico correto. O segundo sistema permitia que as palavras fossem agrupadas conforme os componentes gráficos recorrentes, conhecidos como "radicais", que são mais de quinhentos. Uma vez que muitos são difíceis de reconhecer, havia como apêndice uma "Tabela de caracteres difíceis de encontrar", organizada com base no número de traços de um caractere. Por fim, os dicionários chineses podem ser organizados segundo a rima da última sílaba do logograma; o mais antigo desses dicionários de rimas data do século VII. Esses extraordinários métodos lexicográficos não deveriam nos surpreender. Sem dúvida, para arrumar a desordem do Universo, uma ordem fundamentada na hierarquia de significados, em similaridades de traçado ou em similaridades de som é tão boa quanto qualquer outra.

No mundo alfabético, a sequência convencional de letras serve como sustentáculo prático do dicionário. A ordem alfabética tem uma elegante simplicidade que evita as conotações hierárquicas implícitas na maioria dos outros métodos. As coisas relacionadas sob A não são mais ou menos importantes que aquelas listadas sob Z, exceto que, numa biblioteca, às vezes a disposição geográfica faz os livros de A na estante superior e os de Z na inferior serem menos procurados que seus congêneres nas seções intermediárias. Jean Cocteau, com uma parcimônia que lhe caía bem, observou que um simples dicionário era suficiente para conter uma biblioteca universal, porque "toda obra-prima literária nada mais é que um dicionário fora de ordem". Na verdade, todo livro, seja ou não uma obra-

-prima, é um dicionário fora de ordem, pois, num jogo estonteante de espelhos, todas as palavras usadas para definir determinado termo num dicionário devem ser elas próprias definidas no mesmo dicionário. Se, como eu disse, somos a língua que falamos, então os dicionários são nossas biografias. Tudo o que sabemos, tudo aquilo com o que sonhamos, tudo o que tememos ou desejamos, todo feito e toda mesquinharia estão contidos num dicionário.

O termo "dicionário" misturou-se com enciclopédia e agora denota não apenas inventários de palavras, mas repertórios temáticos de tudo que há sob o sol, incluindo o sol. Só na minha biblioteca havia dicionários de culinária, de cinema, de psicanálise, de literatura alemã, de astrofísica, de heresias, de formas de endereçamento, de surrealismo, de religião judaica, de ópera, de provérbios e mitos, do Corão, de pássaros do Norte da Europa, de temperos, de *Dom Quixote*, de termos relativos à encadernação, de Baudelaire, de nuvens, de mitologia grega e romana, de expressões quebequenses, de arte africana, de dificuldades na língua francesa, de santos e de demônios. Existe até mesmo, creio eu, um *Dicionário de lugares imaginários*. Entretanto, em seu formato mais autêntico, primordial e arquetípico, um dicionário é um repositório de palavras.

Por causa deste simples fato de que um dicionário é acima de tudo uma coletânea de peças de armar de determinada língua, sua identidade básica não depende de como é apresentado. Suas primeiras encarnações (por exemplo, o léxico de Pânfilo) não são tão diferentes assim de sua aparência hoje numa tela. Seja sob a forma de um pergaminho (no caso de Pânfilo), de um imponente conjunto de tomos (no caso do *Oxford English Dictionary* completo) ou materializado como por mágica numa janela eletrônica (como um dicionário on-line), o instrumento escolhido confere ao dicionário todas as características, privilégios e limitações de seu formato particular. Um dicionário é, em si, como uma fita de Möbius: um objeto que se autodefine com uma única superfície, coletando e explicando — sem reivindicar — uma terceira dimensão narrativa. Só em associação com algum instrumento específico, o dicionário se torna uma sequência de definições, uma lista de sinais convencionais, a história embaralhada de nossa língua ou um quase ilimitado depósito de fragmentos de palavras desconectadas. São os leitores que, ao preferir um formato ou outro segundo suas próprias necessidades ou inclinações, ao escolher um volume impresso ou um arquivo virtual, reconhecem no dicionário um de vários livros: uma antologia, um catálogo hierárquico, um dicionário de sinônimos, uma memória paralela, um artefato que o ajude a escrever e ler. Um dicionário é todas essas coisas, embora nem todas, talvez, ao mesmo tempo.

Mais uma questão: os dicionários são catálogos de definições, mas será que podemos confiar nelas? Novalis, em 1798, perguntou-se como era possível confiar que as palavras exprimissem o sentido das coisas. "Ninguém conhece", ele escreveu, "a característica essencial da linguagem, a saber, que ela só se preocupa consigo mesma. Se ao menos pudéssemos fazer as pessoas compreenderem que a linguagem é como uma fórmula matemática — que constitui um mundo em si própria, simplesmente brinca consigo!" E essa é a verdadeira razão por que o estranho jogo de relações entre as coisas se espelha na linguagem. Para Novalis, o poder da linguagem não reside no fato de que as palavras definem coisas, mas de que a relação entre palavras é como a relação entre coisas. Um dicionário é então uma coleção de marcos numa teia incomensurável cuja natureza individual permanece desconhecida para nós, mas cujas constelações nos permitem um vislumbre, ainda que breve, ainda que tênue, do mecanismo do Universo, onde tudo o que perdemos está reunido e tudo o que esquecemos é relembrado.

Se os livros são nossos registros de experiência e as bibliotecas nossos depósitos de memórias, um dicionário é nosso talismã contra o esquecimento. Não um monumento à linguagem, que tem um quê de sepultura, nem um tesouro, que implica algo fechado e inacessível. Um dicionário, dedicado a registrar e definir, é em si próprio um paradoxo: por um lado, acumulando o que a sociedade cria para consumo próprio na esperança de uma compreensão compartilhada do mundo; por outro lado, circulando o que acumula para que as velhas palavras não morram na página e as novas palavras encontrem abrigo. O adágio latino *"verba volant, scripta manent"* tem dois significados complementares. Um é que as palavras que pronunciamos têm o poder de voar, enquanto as que são escritas ficam plantadas na página; o outro é que as palavras faladas podem voar para longe e desaparecer no ar, enquanto as escritas são mantidas amarradas até serem convocadas. Em termos práticos, os dicionários coletam nossas palavras tanto para preservá-las como para nos entregá-las de volta, para nos permitir ver que nomes demos à nossa experiência no decorrer do tempo, mas também para eliminar alguns desses nomes e renová-los num continuado ritual de batismo. Nesse sentido, os dicionários preservam a vida, confirmam e revigoram a seiva vital de uma linguagem. Existem, é claro, dicionários históricos de termos não mais usados e dicionários das chamadas línguas mortas, porém mesmo esses conferem a seus sujeitos uma breve ressurreição cada vez que alguém os consulta. Borges, ao estudar as velhas sagas do Norte, frequentemente procurava palavras no *Anglo-*

-*Saxon Dictionary* de Bosworth e Toller, e gostava de recitar o "padre-nosso" na língua dos antigos habitantes da Grã-Bretanha "a fim de oferecer a Deus", ele dizia, "uma pequena surpresa".

Quando comecei a escrever estas páginas, imaginei que chegara a um dos últimos capítulos na minha vida de leitor. Com a biblioteca empacotada e despachada, a carreira como autor quase concluída, eu podia contar com os dedos de ambas as mãos o número de anos que seria razoável pensar que teria pela frente. A esperança de um tempo tranquilo para conversas com velhos amigos, para a releitura dos livros cujas vozes são consoladoramente familiares e para algumas visitas derradeiras a lugares cuja cartografia faz parte de minha paisagem imaginária eram algumas das coisas que pensei poder fazer no futuro. Entretanto, tal como aconteceu com o dr. Webster, fui surpreendido.

Aconteceu o seguinte. Embora eu houvesse encaixotado e desencaixotado tantas bibliotecas ao longo da minha vida de leitor, nunca fui realmente um bibliotecário. Minhas bibliotecas (até mesmo a última na França) careciam de um catálogo, as seções eram insanamente idiossincráticas, a ordenação caótica, parcialmente alfabética e parcialmente justificada por razões secretas e com frequência esquecidas — embora eu sempre soubesse como achar determinado livro, porque o único usuário era eu mesmo. Mas, como alguém que vivera por tanto tempo em meio aos livros, eu deveria saber que às vezes o que parece ser o último capítulo é somente o começo de outro volume. Em novembro de 2015, recebi uma mensagem do novo ministro da Cultura da Argentina, oferecendo-me o posto de diretor da Biblioteca Nacional.

Ao longo de toda a vida, a Argentina tinha sido uma parte de certo modo incerta e incômoda da paisagem que chamo de minha. Nasci em Buenos Aires, porém, como meu pai era diplomata, quando tinha poucos meses de idade fui levado para seu primeiro posto e só voltei aos sete anos. Estudei em Buenos Aires e parti de novo em 1969, aos 21 anos, sedento por viajar. Retornei algumas vezes, mas nunca mais morei na Argentina. Em 2015, depois que meu companheiro e eu deixamos a França, nos instalamos em Nova York. Agora era chamado a deixar tudo mais uma vez e regressar a Buenos Aires. Depois de muito hesitar, aceitei.

A cidade que então descobri era outra, naturalmente, e tive dificuldade em caminhar por suas ruas sem relembrar os fantasmas do que lá havia antes, ou do que minha memória imaginava que houvera lá antes, muito, muito tempo atrás, na minha adolescência. Após tantos anos, Buenos Aires me pareceu um desses lugares vistos durante o sono e cujas características nos dão a impressão de serem familiares, mas que, não obstante, se modificam sem cessar, afastando-se quando você tenta alcançá-los. Felizmente, o que não mudara era a natureza livresca da cidade. Muitas das livrarias e barracas de livros onde eu costumava parar na volta da escola haviam desaparecido, porém vários ainda continuavam lá e muitos outros tinham surgido, onde eu também encontrava *Doppelgängers*. Desde sua fundação, Buenos Aires sempre foi uma cidade de livros. Lembro-me do curioso orgulho que senti quando nosso professor de história nos contou que Buenos Aires havia sido fundada com uma biblioteca.

Nona digressão

A Espanha do século XV, herdeira não apenas da inteligência retórica de Santo Agostinho mas também de sua misoginia e seus preconceitos raciais, lançou uma grande sombra sobre as sangrentas aventuras que alguns chamam de Conquista e outros de Invasão das Américas. Os soldados alfabetizados e analfabetos levados para o Novo Mundo carregaram consigo não apenas suas mitologias e sua fé — sereias e amazonas, gigantes e unicórnios, o deus redentor que foi pregado à cruz e a história da Virgem Maria —, mas também os livros onde tudo isso estava registrado e recontado. É comovente descobrir que Cristóvão Colombo, no relato de sua primeira viagem pelo Atlântico, ao chegar à costa da Guiné, observou três vacas-marinhas nadando junto a seu navio e escreveu que viu "três sereias emergindo visivelmente do mar, mas", acrescentou com elogiável honestidade, "elas não são tão bonitas quanto dizem". Antonio Pigafetta, que viajou com Magalhães em seu périplo à volta do mundo, descreveu os habitantes da parte mais ao sul do continente como gente de pés grandes ou *"patagones"*, porque pensou reconhecer nos altos nativos com botas e mantos de pele os nefilins bíblicos, filhos gerados por deuses com filhas dos homens e mencionados no Gênesis. Francisco de Orellana deu ao rio e à floresta que explorou o nome de "Amazonas" porque reconheceu, nas mulheres guerreiras com que ele e seus homens se defrontaram, a tribo legendária descrita por Heródoto. Todos esses homens eram leitores, e seus livros lhes disseram o que iriam ver bem antes de que isso ocorresse.

Vários desses leitores trouxeram com eles não apenas a recordação de suas leituras, mas também os livros propriamente ditos; e, quando os livros não foram suficientes, começaram a produzir novos exemplares para abastecer suas bibliotecas no Novo Mundo. Juan de Zumárraga, um padre idoso, foi designado pelo imperador espanhol como bispo da Cidade do México. Nomeado Protetor dos Índios, Zumárraga cuidou imediatamente de incinerar milhares de manuscritos e artefatos dos nativos que ele considerava contrários à verdadeira fé. Ao mesmo tempo, encorajou o imperador a lhe permitir que estabelecesse uma prensa para fornecer, nas línguas nativas, catecismos aos recém-convertidos e manuais aos confessores. Numa reviravolta literária que Henry James poderia ter apreciado, o homem responsável pela destruição de muitos dos mais antigos documentos das civilizações olmeca, asteca e maia foi igualmente responsável por criar, em 1539, a primeira prensa em todas as Américas. As produções iniciais da prensa incluíram um livro do próprio Zumárraga, *Breve doutrina da fé cristã*, mas também uma edição em latim da *Dialética* de Aristóteles e um manual da gramática mexicana nativa de Alonso de Molina. Os livros são com frequência mais sábios e mais generosos do que quem os produziu.

A realidade imaginária dos livros contamina todos os aspectos de nossa vida. Agimos e sentimos sob a sombra de ações e sentimentos literários, e até mesmo os estados indiferentes da natureza são percebidos por nós por meio de descrições literárias, algo que John Ruskin chamou de "falácia patética". Tal contaminação, tal estilo de pensamento, por falta de termo melhor, nos permite acreditar que o mundo à nossa volta é um mundo narrativo, que as imagens e os eventos são parte de uma história que estamos compelidos a seguir ao mesmo tempo que a criamos. Essa credulidade imaginativa nos faz desenterrar Troia e também caçar o unicórnio do qual, segundo um bestiário chinês, nada sabemos porque sua modéstia o impede de mostrar-se aos olhos humanos.

Entre as histórias que os exploradores espanhóis trouxeram ao Novo Mundo havia muitas que lidavam com reinos fabulosos, tais como aqueles retratados nos romances de cavalaria, nos quais Dom Quixote acreditava fervorosamente. Como cidades de ouro e montanhas de pedras preciosas povoavam a geografia daqueles imaginários épicos de bravura, seus admiradores estavam certos de que, nas terras estranhas e maravilhosas que pensavam ser as Índias, existiriam cidades ainda mais ricas em ouro e montanhas ainda mais altas de pedras preciosas.

Em 1516, o explorador Juan Díaz de Solís entrou no rio da Prata, desembarcou um punhado de homens na lodosa margem ocidental e foi prontamente morto e comido pelos nativos da tribo charrua. Alguns dos sobreviventes continuaram a viagem e velejaram ao longo da costa do Brasil até um local que chamaram de Santa Catarina, onde membros de uma tribo tupi-guarani lhes contaram acerca de um misterioso Rei Branco, Senhor da Montanha de Prata. Segundo tal relato, em algum local do interior, no meio das florestas, erguia-se uma montanha feita de pura prata. O rei daqueles domínios era sabidamente generoso e amante da paz, dando com prazer aos viajantes parte de seu tesouro para que o levassem como um sinal de boa vontade. Um dos sobreviventes, Alejo García, decidiu montar uma expedição para encontrar esse fabuloso reino. Conseguiu atravessar o imenso continente verde e alcançar os altiplanos do Peru. Foi morto por flechas dos indígenas na viagem de volta, mas seus homens trouxeram a Santa Catarina alguns pedaços de minério de prata, provavelmente da região de Potosí, oferecidos como prova de que a história era verdadeira. A partir daí, a Conquista do Novo Mundo foi estimulada pela crença de que um reino mágico de riquezas maravilhosas estava situado no interior do continente, pronto para ser explorado. Alejo García morreu em 1525. Dez anos depois, em 1535, um cavalheiro aristocrático, Pedro de Mendoza, que servira como camareiro do imperador e lutara na Itália contra os franceses, convenceu-se de que era a pessoa certa para descobrir o Rei Branco e tomar-lhe suas riquezas. Mendoza montou uma expedição de treze navios e 2 mil homens, financiados em parte por ele mesmo e em parte pelo imperador Carlos I, que estipulou que Mendoza deveria criar três cidades fortificadas na terra conquistada e, no prazo de dois anos, levar mil colonizadores espanhóis para habitá-las. No entanto, depois de cruzarem o Atlântico, uma tempestade terrível espalhou a frota de Mendoza ao largo da costa brasileira.

Não é incomum que as catástrofes naturais sejam espelhadas pelas humanas. Pouco depois da tempestade, o lugar-tenente de Mendoza foi misteriosamente assassinado. Aquelas não eram as condições ideais para estabelecer uma colônia ou empreender a busca por um tesouro. Nas margens do mesmo largo e lamacento rio onde os indígenas tinham devorado Solís, Mendoza fundou em 2 de fevereiro de 1536 uma cidade chamada Nuestra Señora Santa María del Buen Ayre em homenagem à padroeira da Sardenha — nome que sucessivos séculos reduziram para Buenos Aires. Mendoza sofria de sífilis e seus estados de mente intermitentemente confusos não foram propícios a um governo eficaz. Cinco anos mais tarde, devido às deficiências de Mendoza e à beligerância da população indígena, a cidade foi abandonada. Voltou a ser fundada 42 anos depois por Juan de Garay. Em 1537, doente e arruinado, Mendoza tentou voltar para a Espanha mas morreu na viagem de retorno. Entre os membros da tripulação de Mendoza, havia um jovem homem de 25 anos, Ulrich Schmidl, filho de abastado mercador alemão. Schmidl testemunhou a degradação e o colapso da nova cidade, assim como as lutas dos colonos para sobreviver aos constantes ataques dos indígenas. Abandonada a cidade, ele viajou rio acima para onde hoje fica o Paraguai, presenciando a fundação de outra cidade, Assunção, e seguindo posteriormente para a atual Bolívia. Recebendo notícias de que seu irmão mais velho morrera e de que ele herdara a fortuna da família, Schmidl pediu para ser dispensado e voltou à Europa em 1552. Lá escreveu um relato de suas experiências, baseado no minucioso diário que mantivera ao longo de tantas aventuras. O livro foi publicado em Frankfurt no ano de 1557 com o imponente título de *Verdadeira história de uma notável viagem empreendida por Ulrich*

Schmidl, de Straubing à América ou Novo Mundo, de 1534 a 1554, na qual podem ser encontradas todas as infelicidades de dezenove anos, assim como uma descrição das terras e da gente digna de nota que por lá viu, escrita pelo próprio. Cedo se seguiram várias traduções em latim, francês e espanhol.

O relato de Schmidl, o primeiro daquilo que podemos chamar de história da Argentina, narra em detalhes horripilantes as condições atrozes da vida dos homens de Mendoza. Sob o cerco da população indígena, os colonos passaram fome, recorrendo até mesmo ao canibalismo: tão logo um deles era enforcado por traição ou algum pequeno delito, os outros cortavam o corpo em pedaços e os comiam. Schmidl lança uma luz diferente à concepção europeia dos selvagens canibais ao documentar o fato de que também os europeus eram capazes de tais atos. Montaigne, em influente ensaio escrito quase à mesma época da crônica de Schmidl, usou o canibalismo como ponto de partida para tentar subverter a noção da superioridade europeia. Montaigne se encontrara com um desses "canibais", trazido à França das Américas por uma expedição francesa, e tinha um empregado que vivera muitos anos na companhia deles. Aqueles canibais, escreveu Montaigne, não eram os selvagens que os europeus imaginavam, mas gente que vivia em harmonia, respeitava a natureza à sua volta e tinha numerosas habilidades técnicas e artísticas. Suas crenças religiosas eram sólidas e eles interagiam sob uma forma de governo perfeitamente eficiente, ao contrário dos compatriotas franceses de Montaigne. Os chamados "selvagens", assinalou Montaigne, não possuíam escravos, não se dividiam entre ricos e pobres, falavam uma língua em que não existiam palavras para designar traição, mentira, inveja e avareza. Se as histórias da Grécia e de Roma, assim como a literatura da cavalaria, tinham alimentado a imaginação dos exploradores antes de chegarem ao Novo Mundo como um prefácio ao que veriam, os relatos de Schmidl e Montaigne coloriram a visão das Américas nas décadas que se seguiram como um posfácio àquela imensa saga.

Mendoza levara com ele uma pequena coleção de livros que, de forma secreta, podem definir a cidade que imaginara. Talvez todas as cidades sejam fundadas com uma biblioteca em mente. Os livros levados por Mendoza eram "sete volumes de tamanho médio encadernados em couro negro", cujos títulos infelizmente não chegaram até nós. Levou igualmente um livro de Erasmo, "também de tamanho médio e encadernado em couro negro", uma coletânea dos poemas de Petrarca, "um pequeno livro com capas douradas em que se lê 'Virgílio', do lado de dentro", e um volume escrito por De Bridia encadernado em papel pergaminho. Parece que C. de Bridia (só conhecemos a letra inicial de seu primeiro nome) era um frade franciscano que acompanhou a missão de João de Pian de Carpine à Mongólia em 1247 e escreveu uma detalhada história dos mongóis intitulada *Tartar Relation* — manuscrito que hoje se encontra na Biblioteca Beinecke da Universidade de Yale.

Essa modesta lista de livros maravilhosamente reveladores que Mendoza levou a Buenos Aires nos fala de uma concepção eclética e generosa (provavelmente inconsciente, decerto não explícita) do que deveria ser aquela nova cidade. Nessa biblioteca dos fundadores, encontramos um filósofo de uma fé que não era a de Mendoza (Erasmo), poetas em outras línguas que não o espanhol (Petrarca e Virgílio, porque a educação de Mendoza teria incluído o latim), um também explorador de outra época e de outra cultura — o extremo norte da Tartária em vez do extremo sul do Novo Mundo. Para Pedro de Mendoza, contemporâneo de Alonso Quijano, o mundo do intelecto era uno: em outras palavras, qualquer empreitada singular formava parte de um todo universal. Simbolicamente, senão deliberadamente, o impulso para que levasse com ele aqueles livros empresta um poder imaginativo e uma espécie de *persona* imortal à identidade da cidade ainda por existir.

A Biblioteca Nacional que eu conhecera na década de 1960 era outra. Ficava na vizinhança colonial de Boedo, na rua do México, uma grande e elegante mansão do século XIX construída para abrigar a loteria nacional, mas quase imediatamente convertida em biblioteca. Borges manteve um escritório no primeiro andar depois que foi nomeado diretor em 1955, quando "a ironia divina", disse ele, simultaneamente lhe concedeu "os livros e a noite": Borges era o quarto diretor cego da biblioteca (uma maldição que pretendo evitar). Foi nesse prédio que, durante vários anos, eu costumava encontrar Borges depois das aulas e acompanhá-lo a seu apartamento, onde eu lia em voz alta histórias de Kipling, Henry James, Stevenson. Associei aquela biblioteca a tais livros.

A biblioteca que descobri agora, meio século depois, estava instalada numa torre gigantesca projetada pelo arquiteto Clorindo Testa no estilo brutalista da década de 1960. Borges, tateando o modelo do arquiteto, criticou-o como uma "pavorosa máquina de costura". O edifício supostamente representa um livro posto sobre uma alta mesa de concreto, mas as pessoas o chamam de Disco Voador, coisa extraterrestre que aterrissou em meio aos luxuriantes jardins e jacarandás azuis. É um imenso labirinto vertical de cimento e vidro, com sete andares acima do solo e três abaixo, incluindo diversos prédios adjacentes. Cerca de mil pessoas trabalham lá.

A administração anterior concentrara seus esforços em eventos políticos e populares, que aumentaram a visibilidade da instituição, em particular na cidade de Buenos Aires. Entretanto, dera menos atenção aos aspectos técnicos da biblioteca, como a atualização do catálogo e a ampliação dos programas de digitalização. Por isso, ao assumir o cargo, não fui capaz de dizer com nenhuma precisão quantos livros a biblioteca tinha em suas estantes. "Entre 3 milhões e 5 milhões", era o melhor palpite.

No começo da minha administração, a biblioteca não contava com um plano estratégico explícito nem mesmo um conjunto articulado de metas institucionais: essas eram algumas das coisas que eu estava empenhado em promover. No início, muito do trabalho comprovou ser puramente administrativo. Senti-me como um daqueles personagens de Júlio Verne que se vê numa ilha longínqua e é obrigado a desenvolver habilidades de sobrevivência que nunca imaginou ter. Erigi como minha prioridade reorganizar várias seções da biblioteca de modo que o trabalho pudesse tornar-se mais eficiente e coerente. Tentei fazer isso de diversas formas — por exemplo, unificando a chefia dos departamentos de imprensa e comunicações, agrupando várias áreas de aquisições e doações, reestruturando a programação cultural assim como o departamento de pesquisa, dando aos setores — como o de arquivos — o espaço de que tanto necessitavam. Acima de tudo, foi essencial estabelecer um cronograma capaz de assegurar que o catálogo fosse atualizado e que se fixasse uma lista de prioridades para o departamento de digitalização, a fim de podermos aceitar encomendas de bibliotecas das províncias argentinas. Procurando fazer tudo isso, senti que pagava uma velha dívida à minha biblioteca abandonada, que era tão caoticamente organizada, tão dependente da minha energia e capricho pessoais, um modelo microcósmico do imenso colosso dentro do qual agora me encontrava. Os velhos pecados projetam longas sombras.

Como uma autarquia federal, a Biblioteca Nacional deve servir a toda a população da Argentina, mas até recentemente só era aproveitada pelos moradores de Buenos Aires. Pouco após minha chegada, comecei a viajar pelo país a fim de conhecer os bibliotecários das províncias, identificar suas necessidades e estabelecer acordos para encorajar projetos comuns. Essas viagens permitiram-me fazer descobertas surpreendentes: às vezes o exemplar único de algum livro raro encafuado num canto remoto, às vezes arquivos inteiros de material precioso, tal como a coleção de relatos de viajantes mantida na Biblioteca del Fin del Mundo, na Terra do Fogo, todas elas provas do impulso que nos move, como espécie, a colecionar, armazenar e preservar.

Borges imaginara a Biblioteca Nacional da Argentina, *sub specie aeternitatis,* como universal. Tendo isso em mente, comecei a firmar acordos com outras bibliotecas nacionais de todo o mundo, esperando que tais instrumentos poderiam conduzir a exibições conjuntas e seminários, ao intercâmbio de bibliotecários e pesquisadores, ao compartilhamento de coleções digitais e à ajuda mútua de cunho geral, sob várias formas. Robert Darnton, o ex-diretor da Biblioteca da Universidade Harvard, imaginou uma biblioteca digital que reuniria o patrimônio de todos os acervos universitários dos Estados Unidos; talvez no futuro possamos planejar, na mesma linha, uma biblioteca digital de âmbito universal.

Em minha adolescência, sem dúvida por influência de Borges, tentei escrever algumas histórias fantásticas, agora felizmente perdidas. Uma delas, lembro bem, era sobre um insuportável sabichão a quem o diabo, em troca de não me recordo o quê, confiou a supervisão do mundo. De repente, esse idiota se dá conta de que precisa cuidar de tudo ao mesmo tempo, do levantar do sol ao virar de cada página, da queda de cada folha ao curso de cada gota de sangue em todas as veias. Obviamente, o sabichão é esmagado pela imensidão inconcebível da tarefa. Sem me entregar a uma ambição tão avassaladora, desde meus primeiros livros eu desejava concretizar certas ideias sobre leitura e bibliotecas. Agora via meu desejo realizado em doses punitivas. De um dia para o outro, tornei-me contador, técnico, advogado, arquiteto, eletricista, psicólogo, diplomata, sociólogo, especialista em política sindical, tecnocrata, programador cultural e, claro, administrador de assuntos referentes a uma biblioteca de verdade. Mas, em meu caso particular, o que significa ser diretor de uma biblioteca?

Neste ponto devo retroceder a um capítulo anterior. Em 1982, mudei-me com minha família para o Canadá. Alguns anos mais tarde, solicitei a cidadania canadense. Fiz isso porque senti, pela primeira vez em minha vida nômade, que fazia parte de uma sociedade onde era possível ter papel ativo como cidadão. Não apenas podia votar e acrescentar meu nome a um censo, porém, o que era mais importante, tinha condições de tentar alterar as regras e os regulamentos nacionais, provinciais e municipais tomando parte de forma responsável nos assuntos públicos. Podia fazê-lo de diversas maneiras: tornando-me membro de associações, tal como os sindicatos de escritores e de tradutores, integrando os comitês das escolas, compondo o júri do Conselho de Artes de Ontário e do Conselho de Artes do Canadá, participando de comitês oficiais, aparecendo em redes nacionais de rádio e televisão, escrevendo para jornais. Pela primeira vez na vida, eu, o Judeu Errante, senti algo similar à responsabilidade cívica.

Estava agora de volta à Argentina, onde uma série de perguntas me vinha à mente. Por que motivo, na maioria de nossas sociedades, os cidadãos não têm uma voz política efetiva? Por que um cidadão precisa reagir a atos de injustiça fingindo-se de cego ou recorrendo à violência obstinada? Por que a maioria de nossas sociedades é tão débil no que podemos chamar de ética cívica? E, mais importante para mim, pode uma biblioteca nacional, como símbolo central da identidade de uma sociedade, servir de plataforma para ensinar o vocabulário da ética cidadã e também servir de oficina de trabalho para a prática cotidiana dessa ética cidadã?

Creio que, na raiz dessas perguntas, reside certa ideia de justiça. Quando um homem ou uma mulher considera que determinado ato é injusto e reage com base naquilo que pensa ser justo, a fonte desse sentimento e também da reação é com frequência uma noção comunitária e primordial do que é justo ou injusto. E onde essa ideia comunal de justiça está mais bem expressa e registrada do que em nossas bibliotecas públicas?

Décima digressão

Por razões que permanecem misteriosas e que, se reveladas, talvez se mostrem banais, no oitavo ano d.C. o poeta Públio Ovídio Naso foi banido de Roma pelo imperador Augusto. Ovídio (os três nomes reduzidos a um, por séculos de devotados leitores) terminou seus dias saudoso de Roma, numa remota aldeia da costa ocidental do mar Negro. Ele vivera no coração do coração do império que, naquela época, era sinônimo do mundo; para Ovídio, ser banido significava uma sentença de morte, porque ele não concebia a vida fora de sua cidade querida. Segundo ele próprio, na raiz da punição imperial estava um poema. Não conhecemos as palavras desse poema, mas elas foram suficientemente potentes para aterrorizar um imperador.

Desde o começo dos tempos (cujo relato é também uma história), sabemos que as palavras são criaturas perigosas. Na Babilônia, no Egito, na Grécia Antiga, a pessoa capaz de inventar e registrar palavras, o escritor (que os anglo-saxões chamam de "o fazedor"), foi visto como o queridinho dos deuses, um ser eleito a quem fora concedida a dádiva de escrever. De acordo com Sócrates, num mito que ele recontou ou imaginou, devemos a arte da escrita ao deus egípcio Theuth, que também inventou a matemática, a astronomia, o jogo de damas e os dados. Ao oferecer sua invenção ao faraó, Theuth explicou que sua descoberta fornecia uma receita para a memória e a sabedoria. Mas o faraó não se convenceu: "O que você descobriu não é uma receita para a memória, e sim um instrumento para nos ajudar a relembrar. E o que você oferece a seus discípulos não é a verdadeira sabedoria, mas apenas algo semelhante, porque, ao contar-lhes muitas coisas sem ensiná-los, você fará com que eles pareçam conhecer muito, embora na maior parte do tempo não saibam nada e estejam repletos não de sabedoria, mas da presunção de serem sábios".

Desde então, os escritores e os leitores vêm debatendo se a literatura de fato exerce algum efeito numa sociedade, isto é, se a literatura desempenha algum papel na formação do cidadão. Alguns, concordando com Theuth, acreditam que podemos aprender com a literatura, compartilhando da experiência de nossos antepassados, tornando-nos sábios por meio da memória de séculos de conhecimento. Outros, concordando com o faraó, dizem como W. H. Auden que "a poesia não faz com que nada aconteça", que a memória preservada nos escritos não inspira sabedoria, que não aprendemos nada por meio do mundo imaginado, que os tempos de adversidade são a prova do fracasso da escrita.

Verdade que, diante da cega imbecilidade com que tentamos destruir nosso planeta, da forma implacável que infligimos dor a nós mesmos e aos outros, da magnitude de nossa cobiça, covardia e inveja, da arrogância com que nos comportamos em relação aos outros seres vivos, é difícil crer que a escrita — a literatura ou, aliás, qualquer outra arte — nos ensine alguma coisa. Se, após ler versos como os de Larkin — "As folhas estão brotando nas árvores,/ Como se alguma coisa quase estivesse sendo dita" —, ainda somos capazes de tais atrocidades, então, talvez, a literatura não faça mesmo nada acontecer.

Todavia, ao menos num sentido toda literatura representa uma ação cidadã, porque ela é memória. Toda literatura preserva alguma coisa que de outro modo morreria com a carne e os ossos do escritor. Ler é resgatar o direito a essa imortalidade humana, uma vez que a memória da escrita é abrangente e ilimitada. Individualmente, os seres humanos podem lembrar pouco: até mesmo memórias excepcionais, como a de Ciro, o rei dos persas, que era capaz de chamar pelo nome cada soldado de seus exércitos, não se comparam aos volumes que enchem nossas bibliotecas. Esses livros são relatos de nossas histórias: de nossas epifanias e de nossas atrocidades. Nesse sentido, toda literatura é testemunhal. Mas, em meio aos testemunhos, há reflexões sobre aquelas epifanias e atrocidades, palavras que oferecem epifanias para serem compartilhadas com outros, e palavras que cercam e denunciam as atrocidades para não permitir que elas ocorram em silêncio. São lembretes de coisas melhores, de esperança e consolo e compaixão, trazendo a implicação de que todos nós também somos capazes delas. Nem todas nós realizamos, e nenhuma delas realizamos todo o tempo. Porém, a literatura nos recorda que aquelas qualidades humanas estão lá, seguindo-se a nossos horrores com a mesma certeza de que o nascimento se segue à morte. Elas também nos definem.

É claro que a literatura pode não salvar ninguém da injustiça, das tentações da cobiça ou das desgraças do poder. Mas algo nela deve ser perigosamente eficaz, já que todo governo totalitário e todo alto funcionário ameaçado tentam eliminá-la queimando livros, proibindo livros, censurando livros, aplicando impostos sobre livros, limitando-se a fazer de conta que respeitam a causa da alfabetização, insinuando que a leitura é uma atividade elitista. William Blake, falando sobre Napoleão num discurso público, disse o seguinte: "Ensinemos a Bonaparte, e a quem mais interessar, que não são as artes que servem o Império, e sim o Império que serve e segue as artes". Napoleão não ouviu então, e seus epígonos menores não ouvem hoje. Apesar de milhares de anos de experiência, os napoleões deste mundo não aprenderam que seus métodos são, em última instância, ineficazes, que a imaginação literária não pode ser aniquilada porque é ela, e não a imaginação da cobiça, que acaba por sobreviver.

Augusto pode ter ordenado o exílio de Ovídio por pensar (provavelmente com razão) que alguma coisa na obra do poeta o acusava. Todos os dias, em algum lugar do mundo, alguém tenta (às vezes com êxito) sufocar um livro que soe algum alerta, seja de forma ostensiva ou obscura. E, a cada nova instância, os impérios caem e a literatura permanece. Em última análise, os lugares imaginários que os escritores e seus leitores inventam — no sentido etimológico de "descobrir" — persistem porque constituem simplesmente o que devíamos chamar de realidade, já que são o mundo real revelado em seu nome verdadeiro. O resto, como deveríamos ter compreendido a essa altura, é meramente sombra sem substância, o material dos pesadelos, e desaparecerá sem deixar vestígio pela manhã. Na segunda parte de *Dom Quixote*, o duque diz a Sancho que, como governador da ilha Logratária, ele precisa vestir-se de modo adequado: "parte como letrado e parte como capitão, porque na ilha que vos dou são necessárias tanto as armas como as letras e tanto as letras como as armas".* Ao dizer isso, o duque não apenas refuta a clássica dicotomia, mas também define as preocupações obrigatórias de qualquer governador, se compreendemos que um termo significa ação e o outro, reflexão. Nossas ações precisam ser justificadas pela literatura, e a literatura deve prestar testemunho de nossas ações. Por isso, agir como cidadãos, em tempos de paz ou de guerra, é em certo sentido uma extensão de nossa leitura, uma vez que os livros contêm a possibilidade de nos guiar, graças à experiência e ao conhecimento de outras pessoas, oferecendo-nos a intuição de um futuro incerto e a lição de um passado imutável.

Em essência, não mudamos desde o começo de nossa história. Somos os mesmos macacos eretos que uns poucos milhões de anos atrás identificaram num pedaço de pedra ou de madeira instrumentos de batalha, enquanto ao mesmo tempo gravavam nas paredes das cavernas imagens bucólicas da vida cotidiana e a reveladora palma de nossas mãos. Somos como o jovem Alexandre, que de um lado sonhava com guerras sangrentas de conquista e, de outro, sempre carregava consigo os livros de Homero, que falavam do sofri-

* Miguel de Cervantes, *Dom Quixote de la Mancha*. Trad. e notas de Ernani Ssó. São Paulo: Penguin Classics Companhia das Letras, 2012, v. 2, p. 363.

mento causado pela guerra e da saudade de Ítaca. Como os gregos, nos permitimos ser governados por indivíduos doentes e cobiçosos para quem a morte é pouco importante, por atingir o outro, e em cada livro tentamos traduzir em palavras nossa profunda convicção de que não deveria ser assim.

Para Platão, a justiça é a qualidade compartilhada por todas as áreas da sociedade quando tal sociedade é governada pela razão; isso significa considerar a justiça não como um valor à parte (como a sabedoria ou a coragem), e sim como um atributo compartilhado por todos esses valores individualmente. Assim, se tomamos a justiça no sentido platônico como o valor comum aspirado pela sociedade, então talvez uma biblioteca nacional, montada para reunir todas as manifestações de determinada sociedade, pudesse ser definida como o depósito de todo tipo de manifestação de justiça, como um catálogo de exemplos de atos justos (bem como, é claro, dos injustos) a fim de instruir, fazer lembrar e guiar os leitores em seus papéis como cidadãos. Basta um exemplo. Na peça *Ájax*, de Sófocles, quando a deusa Atena diz alegremente a seu protegido Odisseu que após os sofrimentos horríveis o inimigo Ájax foi vencido, o herói grego pronuncia algumas palavras que de repente o tornam muito mais nobre do que a sábia e sanguinária deusa: "O infeliz podia ser meu inimigo, mas sinto pena dele quando o vejo carregado de infelicidades. Na verdade, dirijo meus pensamentos mais a mim do que a ele, pois vejo claramente que todos nós que vivemos nesta terra nada mais somos que fantasmas ou sombras sem peso". Eu incluiria este parágrafo na primeira página da Constituição de todas as sociedades.

Eu disse antes que uma instituição como a biblioteca nacional projeta uma identidade comunal tanto aos que estão familiarizados com ela em termos práticos como aos que não estão — leitores e não leitores. Se uma biblioteca nacional deve ser uma instituição vista pela maioria como crucial para definir a identidade da nação (e, portanto, crucial para a instrução cívica de seus cidadãos), então é preciso que atenda a uma série de condições.

Uma biblioteca nacional deve estar aberta a todos que desejam usá-la, e deve mudar a fim de adaptar-se às necessidades cambiantes de seus usuários. John Rawls distingue "liberdade' e "valor da liberdade", isto é, o direito nominal à liberdade e o direito de agir de acordo com essa liberdade. Tal raciocínio pode ser aplicado à "liberdade de ler" e à possibilidade de agir em função dessa liberdade. A liberdade negativa (respondendo à pergunta: "O que me é permitido?") pode corresponder à ambição dos reis de Alexandria de coletar tudo, refletida hoje no vasto escopo da web, que coleta fatos, opiniões, informação e desinformação, e até mesmo mentiras deliberadas "porque tudo deve me ser permitido". Essa "liberdade" — parcial, na melhor das hipóteses — em grande parte é ilusória porque não implica que estamos capacitados para agir com base nela.

Para ser uma instituição ativa, é preciso que uma biblioteca nacional encontre maneiras de gerar novos usuários e manter os que já desfrutam de seus serviços. Uma sociedade justa, uma sociedade ética, abrange naturalmente todos os cidadãos, sejam eles leitores ou não. Estatisticamente, sabemos que os leitores — em especial aqueles capazes de fazer uma leitura reveladora e criativa — constituem uma porcentagem muito pequena do número total de cidadãos. "Ninguém que sabe ler", diz Dickens em *Nosso amigo comum*, "nunca olha para um livro, mesmo fechado e numa estante, como alguém que não sabe." Como uma biblioteca nacional pode se tornar capaz de servir a quem não olha para um livro do mesmo modo que alguém que sabe ler? Como uma biblioteca nacional pode converter não leitores em leitores? Como pode, para a maioria dos não leitores, transformar a percepção da biblioteca como lugar estranho e dos livros como instrumentos estranhos e torná-la uma cartografia em que todos compartilhem de um espaço intelectual comum, efetivo?

Creio que, para tentar atender a tais necessidades, é preciso que a biblioteca nacional estabeleça métodos por meio dos quais todos os cidadãos se tornem conscientes da importância de ler, primeiro como uma habilidade fundamental e, segundo, como uma forma de estimular e liberar a imaginação. Tenho pouca confiança nos programas oficiais de leitura que vi no Canadá e em muitos outros países. Basicamente, a maior parte desses programas segue métodos emprestados do mundo da publicidade: figuras populares, como uma estrela do cinema ou um ícone esportivo, são expostas lendo, e livros são distribuídos gratuitamente nas ruas. Tais métodos supostamente criam consumidores. Não criam. O único método comprovado de fazer nascer um leitor é um que ainda não foi descoberto, que eu saiba. Na minha experiência, o que funciona de vez em quando (mas nem sempre) é o exemplo de um leitor apaixonado. Às vezes, a experiência de um amigo, um pai, um professor, um bibliotecário, obviamente emocionados com a leitura de determinada página, pode inspirar, se não a imitação imediata, ao menos a curiosidade. E isso, acho eu, é um bom começo. A descoberta da arte da leitura é íntima, obscura, secreta, quase impossível de descrever. Semelhante a apaixonar-se por alguém (se me permitem a comparação piegas). Ela é adquirida por cada pessoa a sós, como uma espécie de epifania, ou talvez por contágio, em confronto com outros leitores. Não conheço muitas outras formas. A felicidade proporcionada pela leitura, como qualquer felicidade, não pode ser forçada. Quando Diodoro Sículo visitou o Egito no século I d.C., ele viu, na entrada das ruínas da antiga biblioteca, uma inscrição gravada: "Clínica da alma". Talvez essa possa ser a aspiração máxima de uma biblioteca.

No entanto, a fim de permitir que leitores de fato ou em potencial vejam a biblioteca como um lugar que lhes pertence, é preciso que uma biblioteca nacional não apenas guarde, mas seja vista como um lugar que guarde material que corresponda à imaginação de todos os segmentos da população. Na Biblioteca Nacional da Argentina, descobri que, embora houvesse sido feito algum esforço para coletar material referente às vítimas da ditadura militar da década de 1970 (tarefa empreendida em escala bem maior pelo Centro Cultural de la Memoria Haroldo Conti, de Buenos Aires, criado em 2008), quase nada havia sido feito de forma concentrada com respeito às comunidades indígenas, às histórias de gays, lésbicas e transgêneros, e ao movimento feminista na Argentina. Começamos agora a reunir material nessas áreas e a fornecer e aperfeiçoar as informações e o acesso ao acervo. "O mundo", escreveu a poetisa austríaca Ilse Aichinger, "é feito daquilo que exige ser observado." Essa é nossa justificativa.

Uma biblioteca nacional deve ser também a guardiã dos fatos e registros de nossa experiência do mundo. "Uma biblioteca cuida de provas", disse-me certa vez Richard Ovenden, diretor da Biblioteca Bodleian, na Inglaterra. A fim de desempenhar tal papel, uma biblioteca nacional precisa garantir a disponibilidade de pontos de referência (*repères*) capazes de permitir que aqueles que os procurem possam fazer perguntas melhores, além de imaginar novos modelos sociais mais justos e equitativos. O biólogo evolucionista Marc Hauser sugeriu que todos os seres humanos compartilham uma "gramática moral universal", implantada em nossas redes neurais e manifestada em nossa produção artística. Estudos científicos como os de Hauser concluíram o que leitores sabem há muito tempo: a literatura, melhor que a vida, proporciona uma educação no campo da ética e permite o crescimento da empatia, essencial para que a pessoa participe do contrato social. Talvez a arte de contar histórias tenha se desenvolvido como um instrumento para afirmar essa qualidade humana, uma qualidade que exerce função tão essencial em nossa vida intelectual e social. Sabemos, com base nos estudos darwinianos, que a empatia evoluiu como característica fundamental para a sobrevivência humana quase tão logo nossos primeiros ancestrais começaram a interagir, ajudando-se mutuamente e trabalhando em empreitadas comuns. Segundo o paleoantropólogo Richard Leakey: "Somos humanos porque nossos antepassados aprenderam a compartilhar seus alimentos e suas capacidades numa rede de obrigações honrada por todos". Devido à necessidade de trabalharmos juntos, de desenvolver melhores habilidades a fim de explorar os horizontes distantes, a empatia tornou-se um incentivo para nossa curiosidade natural. Noam Chomsky acrescenta que as culturas de consumo em que agora vivemos nos impedem de manifestar essa empatia ao atribuir valores negativos à compreensão e à preocupação relacionada à dor do outro. Para consumir as inúteis engenhocas cada vez mais oferecidas pelo mercado, o consumidor precisa se tornar um cidadão menos engajado e um indivíduo mais egocêntrico, abraçando a política de egoísmo proposta por Ayn Rand; em seus romances infelizmente populares, ela afirmava que "a questão não é quem vai me permitir, é quem vai me parar" — uma versão lúgubre da "liberdade positiva" de Rawls. Talvez uma biblioteca nacional possa agir como uma escola de empatia, transformando o pesadelo de Borges da biblioteca universal de Babel — repleta de todas as combinações possíveis de letras e por isso quase sem nenhum texto legível — numa biblioteca que abrigue uma gramática moral universal, baseada nos incontáveis exemplos de justiça moral contidos em nossas literaturas. "Mudar o mundo, meu amigo Sancho", diz Dom Quixote a seu fiel companheiro, "não é uma utopia nem um ato de loucura, é simplesmente fazer justiça."*

Em discurso pronunciado no Athénée Royale, em Paris, no ano de 1819, Benjamin Constant disse o seguinte: "O propósito do mundo antigo foi o compartilhamento de poder social entre todos os cidadãos de uma mesma nação: é a isso que chamaram de liberdade. O propósito do mundo moderno é a garantia de prazeres privados, e chamam de liberdade as garantias dadas pelas instituições nacionais a tais prazeres". Uma biblioteca nacional tem de garantir a liberdade de desfrutar desses prazeres — intelectuais, criativos, empáticos — para que qualquer pessoa que o deseje possa se sentir tentada a ir mais além do que é oferecido, do que está visível, do que é considerado convencionalmente bom. Para atingir esse objetivo, muitas coisas são necessárias. Dinheiro, tra-

* Frase erroneamente atribuída à obra *Dom Quixote* e que acabou se popularizando. (N. E.)

balho, imaginação e um contínuo diálogo social, e mais imaginação, mais trabalho e mais dinheiro. É preciso que os governos percebam a importância de uma biblioteca nacional para a manutenção da sociedade unida como uma entidade coerente, interativa e resiliente — e devem suprir os recursos exigidos para tal.

Acredito que uma biblioteca nacional pode ser uma espécie de oficina criativa e um lugar onde se armazene material em que futuros leitores encontrarão pistas para imaginar mundos melhores. Pode ser também um local onde novos leitores são formados e os velhos leitores reafirmados. Não sei com que meios se pode conseguir isso, mas sei que devemos tentar. A mesquinharia política, a cobiça pessoal, as rixas internas e a corrupção endêmica constituem obstáculos, e também devemos estar preparados para aceitar resultados menos que perfeitos. Como disse Chesterton: "Se vale a pena fazer alguma coisa, vale a pena fazê-la mal".

Em toda história há algo essencialmente inefável. As digressões que tanto me agradam dizem algo acerca da ambiguidade e falta de resolução de minha história, as invenções da memória tentam lhe emprestar uma aparente coerência e ordem, mas em última análise o formato e o sentido dessa história me escapam. Fechar minha biblioteca, encaixotar os livros, depois ver o espaço desaparecido recriado no espetáculo mágico de Lepage e por fim, inconcebivelmente, tornar-me diretor da Biblioteca Nacional da Argentina são capítulos de uma narrativa que não sou inteiramente capaz de captar e compreender.

Entretanto, há uma coisa: o esvaziamento de uma biblioteca, embora doloroso, e o encaixotamento de livros, embora injusto, não precisam ser vistos como conclusão. Há novas ordens possíveis de sombras, secretas mas implícitas, só visíveis depois que as velhas são desmontadas. Nada que importa jamais é substituído de verdade. Toda perda é (ao menos em parte) para todo sempre. A repetição gera variação, novas perguntas, um certo grau de mudança mesmo se muito permanece igual, como nossos traços no espelho.

Que seções de minha biblioteca desmontada sobreviverão e quais se tornarão obsoletas? Que alianças inesperadas serão formadas em meio aos volumes encaixotados uma vez abrigados em sua nova instalação? Que novos rótulos surgirão nas estantes, agora que os antigos foram descartados? Será que eu, o leitor contumaz desses livros, voltarei a vagar pelos corredores da biblioteca, feliz ao relembrar um título aqui e surpreso por encontrar outro acolá? Ou quem visitará a nova encarnação da minha biblioteca será meu fantasma? Diz-se que Maria

Stuart, rainha da Escócia, bordou em sua roupa quando estava na prisão: *"En ma fin gît mon commencement"* (em meu fim reside meu começo). Essa parece ser uma divisa adequada para minha biblioteca.

Agradecimentos

Ao longo dos anos, muitos e muitos amigos ajudaram a manter a biblioteca viva. Voavam de todas as partes do mundo, penetrando no espaço mágico da biblioteca para ler, trabalhar, conversar, compartilhar livros, discutir ideias. E então, nos meses derradeiros, quando chegou a hora de fechá-la, vários vieram catalogar a biblioteca como se ela estivesse em seus melhores dias, e se organizaram em equipes para tirar os livros das estantes, embrulhá-los em papel de proteção, colocá-los nas caixas com os rótulos apropriados e fazer mapas de onde eles se encontravam, caso eu desejasse localizar algum depois de encaixotado. Porque, na minha cabeça, ainda seria capaz de circular pela biblioteca desaparecida e saber exatamente onde achar qualquer livro. Ouvi dizer que, nas comunidades menonitas, quando um celeiro está prestes a ser construído, amigos e vizinhos se reúnem para ajudar a erguer as paredes e levantar o telhado. Aqui, a generosidade foi a mesma, embora com um objetivo oposto.

Jillian Tomm, Lucie Pabel e Gottwalt Pankow, junto com Ramón de Elia e Finn Willi Zobel, foram os principais desmontadores, organizadores e encaixotadores. Para ajudá-los, recrutaram muitos de seus generosos amigos: Anne Frigon, Jocelyn Godolphin, Gale Hamilton, Jim Henderson, Elaine Ménard, Michael Murphy, Dominique Paquin e Ana Simonovich, entre outros. Tudo isso sob o olhar atento de Lucy, a mais amorosa e inteligente cadela, cujo mundo estava sendo desfeito de forma tão incompreensível. Não tenho as palavras certas para expressar a todos minha infinita dívida de gratidão.

Meus agentes Guillermo Schavelzon e Barbara Graham me acompanharam fielmente no correr desses anos difíceis: a eles meu muito obrigado. E agradecimentos sinceros também à equipe de Yale, que aguardou com generosa paciência que o manuscrito fosse terminado; a John Donatich, meu sábio editor; a Danielle D'Orlando, sua assistente infalível; a Nancy Ovedovitz, a brilhante designer que provou ser falso o dito sobre julgar um livro por sua capa; e a Susan Laity, cujo olhar sherlockiano mais uma vez caçou os erros tipográficos em Baskerville (e também em outras fontes) ao longo dos pântanos lamacentos do meu texto.

Sobre o autor

Alberto Manguel nasceu em 1948, em Buenos Aires. Passou os primeiros anos da infância em Israel, onde seu pai era embaixador, e concluiu seus estudos na Argentina. Morou em diversos países, como Espanha, França, Inglaterra e Itália, sempre rodeado por livros. Dele, a Companhia das Letras já publicou *Uma história natural da curiosidade* (2016), *A cidade das palavras* (2008), *A biblioteca à noite* (2006), entre outros. Além de seus livros de ficção e não ficção, também escreve regularmente em jornais e revistas do mundo inteiro.

1ª EDIÇÃO [2021] 4 reimpressões

ESTA OBRA FOI COMPOSTA EM MINION PELO ESTÚDIO O.L.M.
E IMPRESSA EM OFSETE PELA BARTIRA SOBRE PAPEL PÓLEN DA
SUZANO S.A. PARA A EDITORA SCHWARCZ EM MARÇO DE 2025

A marca FSC® é a garantia de que a madeira utilizada na fabricação do papel deste livro provém de florestas que foram gerenciadas de maneira ambientalmente correta, socialmente justa e economicamente viável, além de outras fontes de origem controlada.